365日吉方位で開運！

日帰り おでかけ&吉方旅行

西谷泰人
Nishitani Yasuto

日本文芸社

はじめに

「今日の外出は、乗り換えもスムーズで、いろいろなことが楽しめて、うまくいってる！」

　という日があるかと思えば、反対に、

「今日の外出は、乗り遅れたり、忘れ物をしたり、なんだかうまくいかないな……」

　という日もありますね。

　デート、仕事の打ち合わせ、買い物、試験や試合、日帰り旅行など、ちょっとしたおでかけから、もちろん泊まりがけの旅行でも、でかけるからには「いろいろなことがうまくいく楽しい時間」にしたいものです。その**「ちょっとした幸せが詰まった毎日」が、「幸せな人生」を形作っていくからです。**

　だからこそ、方位学による「よい方位のパワー」について知り、ぜひ毎日の生活に取り入れてみてください。自分にとっての「よい方位」にでかければ、よいことが起こる。人の運気を大きく左右する「方位のパワー」を味方にするのです。

本書では、方位のよいパワーを取り入れるコツとして、**簡単に、すぐに方位のよい効果が表れる最高の開運法、「吉方おでかけ」**をお教えします。その日、その人の星にとって相性のよい星が入った吉方位にでかけるだけで、「こんな幸運が！」と驚くことが次々と起こるでしょう。

しかも、その日、思い立ったときにでかけ、目的地はわずか10メートル先のご近所でもよいという「気軽さ」です。さらに、でかけている間にすぐに幸運に恵まれる「即効性」が期待できます。

簡単に使えるのに、幸運を呼び込む効果が絶大！　そんな「吉方おでかけ」のうれしい効果を、毎日の生活に大いに活用してください。

Contents

第5章

運気を確実にアップさせる「吉方旅行」でさらなる開運を目指す！

《吉方旅行用》
年・月の吉方位早見表！

第6章

ずばりここ！
本命星の吉方位がわかる一覧表

年盤・月盤・日盤一覧表

《ここに効く！》
その日いっぱい
幸運を
引き寄せ！

吉方おでかけのルール

1 ＊その「日」の自分にとっての「吉方位」にでかける

2 ＊前夜に「寝泊まりした場所」を起点とし、吉方位を割り出す

3 ＊移動距離は徒歩で行ける範囲内でも OK（最短で「10 メートル」）

4 ＊日帰りの「プチ旅行」でも使える

5 ＊おでかけ先では、積極的に「象意」を取り入れる

⇨ 詳しくは本文 30 ページ

《ここに効く！》
人生を変える
幸運を
引き寄せ！

吉方旅行のルール

1 ＊その「時期」の自分にとっての「吉方位」にでかける

2 ＊前日どこに滞在していても、必ず「自宅」から吉方位を割り出す

3 ＊滞在期間は「3 泊 4 日」以上

4 ＊移動距離は「100 キロ」以上

5 ＊ 1 泊目は必ず「22 時 30 分」までに泊まるホテルや旅館の部屋に入る

6 ＊旅行中は毎日「お風呂」か温泉に入る

⇨ 詳しくは本文 100 ページ

「運がわるいな」と感じるあなたも幸運を呼び込める！

日々、なんだかついてないと感じているあなたも、
吉方位にでかけてよい運気を取り入れると、幸運な出来事が次々と
起こるようになります。

苦手な人とも
会話が
スムーズに

付き合っている
相手が**結婚話**に
前向きになった

デートで
いいムードになり、
より親密な関係に

仕事の
プレゼンが成功し、
大きな仕事が
決まった

ずっと探して
いたものが
お得な値段で
手に入った

合コンで
意気投合した
人から、
デートの誘いが

資格試験や
試合の本番で
実力を発揮できた

毎日の開運法
「吉方おでかけ」とは？

幸運を呼び込む「吉方おでかけ」とは、
いったいどんな開運法で、どのように実践したらよいのかを、
本書ではていねいに解説しています。

「吉方おでかけ」とは、方位学のひとつの開運法です。

1

自分の本命星と、相性のいい星を知る

その人にとっての吉方位とは、「自分の星（本命星）」にとって「相性のいい星（兄弟星、隣星）」が入った方位のこと。

P.49

2

吉方おでかけをしたい日の日盤を知る

日帰り旅行、買い物、デートなどで1日幸運を引き寄せる「吉方おでかけ」は日盤をチェック。

P.50

3

その日の吉方位候補と凶方位を割り出す

方位盤に○（吉方位候補）と×（凶方位）をつけていくとわかりやすい。日盤には凶方位は6つあります。

P.51

4

消去法（凶方位を消していく）で残った吉方位候補が「今日の吉方位」

吉方おでかけの割り出し方は49ページから詳しく紹介しますが、なんと2021年1月までの吉方位「早見表」がパソコンからチェックできます！　詳しくは54ページへ。

P.52

本書の主な用語解説

方位学

今から四千年前にシナ大陸（現在の中国の位置）で始まった、この世にあるすべてのものは“木・火・土・金・水”という5つの気のどれかに属するという、陰陽五行思想（いんようごぎょうしそう）に基づいた学問。開運効果が高く、昔から珍重されてきた秘法でもある。最強の開運術ともいえる。

方位のパワー

方位学における、方位による影響のこと。よいパワーは「追い風（吉）」となるが、わるいパワーは「逆風（凶）」になる。

吉方位、凶方位

方位学では、自然の法則に沿う＝相性のよいものを「吉」、自然の法則に反する＝相性のわるいものを「凶」と判断。つまり、その日、その時期にその人の星にとって、相性のよい星が入った吉方位にでかければ運気はアップし、逆に、相性がわるい星が入った凶方位にでかけると運気はダウンする。

方位盤

方位学に必須の八角形の盤。盤上を、一白水星から九紫火星までの9つの星が順々に位置を変えながら回っている。この方位盤上の星の配置と自分の本命星の関係によって、吉方位や凶方位が決まる。内枠には十二支入り。「年盤（ねんばん）」、月盤（げつばん）」、「日盤（ひばん）」の3種類がある。

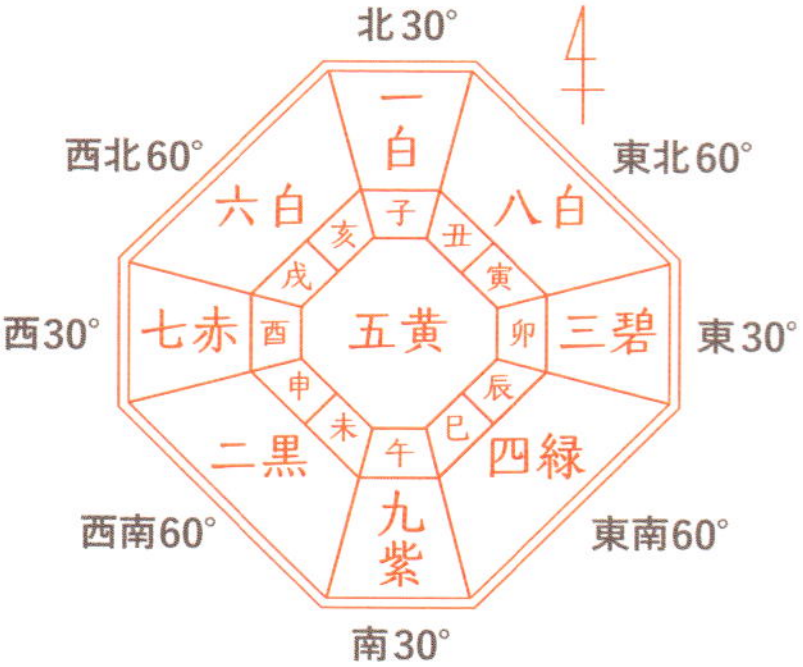

方位

方位学では、北30度、東北60度、東30度、東南60度、南30度、西南60度、西30度、西北60度の8方位を使う。方位盤上に示されていて、行き先は8方位のなかから決まる。

本命星

その人の生まれ年にあたる星のこと。

一白水星（いっぱくすいせい）、二黒土星（じこくどせい）、三碧木星（さんぺきもくせい）、四緑木星（しろくもくせい）、五黄土星（ごおうどせい）、六白金星（ろっぱくきんせい）、七赤金星（しちせききんせい）、八白土星（はっぱくどせい）、九紫火星（きゅうしかせい）の9つの星がある。

五行の関係図

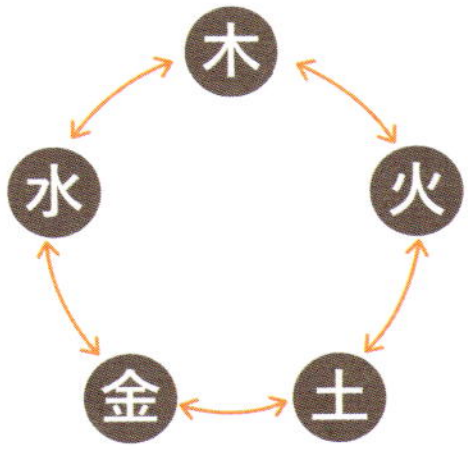

陰陽五行説にある「五行の関係図」のこと。
一白水星から九紫火星までの、9つの星ごとの相性のよい「気」の関係がわかる。

吉方おでかけ

方位学の開運法のひとつ。日盤を使用し、その日、その人の星にとって相性のよい星が入った吉方位にでかけることで、ツキを呼び込み、毎日をハッピーに変える。簡単に実践できる気軽さ、方位の効果が行き先ですぐに表れる即効性が特徴。

吉方旅行

吉方おでかけとともに、方位学の開運法のひとつ。年盤と月盤を使用し、その時期にその人の星にとって相性のよい星が入った吉方位に3泊4日以上、100キロ以上移動する旅行にでかける。滞在期間と移動距離が長い分、より大きな願いを叶えることが可能。1年間、吉方位の効果が持続する。

星別キャラクター一覧

一白水星から九紫火星までの９つの星は
異なる性格や個性（象意＝キャラクター）を持ち、
それぞれ方位を象徴しています。

※本書では、方位を象徴する９つの星ごとにキャラクターを設定しています。

第1章

吉方位ってなに？
365日開運する秘密

方位のパワーで幸運を呼び込む「吉方おでかけ」の
魅力を紹介します。
毎日の生活に「吉方おでかけ」を活用して、
さらに幸せな毎日を！

私たちも「吉方おでかけ」で開運を実感しました！

その日、自分にとって「よい方位」にでかけることでツキを呼び込み、幸運を引き寄せる開運法が「吉方おでかけ」です。そのためには方位学を使います。

方位学を使った開運法には、「吉方おでかけ」のほかに「吉方旅行」もあります。その時期、自分にとって「よい方位」に、３泊４日以上の日程で１００キロ以上を移動する旅にでかけるというものです。旅を楽しみながら願いを叶えることができ、しかもそのパワーは絶大。「吉方旅行」は非常に高い開運効果があります。

でも、なかなか3泊４日以上の旅行にはでかけられない……という人もいるでしょう。そんなあなたにも、おすすめできるのが「吉方おでかけ」なのです。「吉方旅行」の開運パワーを１００とすると、「吉方おでかけ」のパワーは10分の１ほど。運命を変えるほどのパワーはないけれど、**毎日の気軽なおでかけですぐに活用できるのが魅力です。**

簡単に実践できて、方位のパワーがすぐに表れる即効性もあります。

本書でいう「吉方おでかけ」は、デートや買い物、仕事の打ち合わせといった日常の出来事のほか、日帰りの短い旅行を想定しています。本書では「吉方おでかけ」をメインに紹介していますが、3泊4日の旅行にでかけるチャンスが来たときに大開運を引き寄せるために、第5章で「吉方旅行」も紹介しています。ぜひ活用してください。

日々の生活に幸運をもたらしてくれる「吉方おでかけ」。自分にとってよい方位にでかけるだけで、幸運な出来事が次々と起こる……といったら、まるで夢のような話だと思うかもしれません。でも、方位のパワーでよいことが起こった人たちが実際にたくさんいますので、そんな実例をご紹介します。

体験談1：何事もスムーズに進んだ一日

30代のS子さんは、その日、東京都内の新宿区の彼のマンションへ向かっていました。駅からタクシーで10分ほどの距離ですが、200メートルおきに5つの信号があります。タクシーの運転手さんが何百回通っても、必ず信号に引っかかる難所とのことですが、S子さんも

これまで、必ず信号で引っかかっていました。

　しかしその日は、まったく信号に引っかからずにサーッと見事に通り抜けることができ、これには運転手さんもびっくり。後で調べてみると、彼のマンションは、その日のＳ子さんにとって吉方位の三碧木星が入った方位でした。こんなにスムーズに進んだこの日、彼との関係も急激に深まりました。

体験談２：恩師とばったり出会って幸運な展開！

　40代のＳ子さんがその日、自分にとっての吉方位にあたる六白金星が入った方位のレストランにでかけると、高校時代の恩師とばったり！　思いがけない偶然に話が弾み、Ｓ子さんが調理器具のセールスの仕事をしていることを話すと、先生は「ちょうど欲しかった」と商品を買ってくれました。それだけではなく、知人の会社社長を紹介してくれる予想外の展開に。

　その結果、Ｓ子さんは恩師に紹介してもらった会社との大口の取引が決定。六白金星の象意には「社長」「経営者」「上司」などがあり、まさに有力な人物との縁ができる方位なのです。

体験談3：ケンカをしていた彼からの連絡

彼とケンカをした30代のY子さん。彼と連絡が取りたくて、その日、自分にとって吉方位にあたる四緑木星の入った方位を使うことにしました。四緑木星の方位には「麺類」「連絡」という象意があるので、この象意を誘い水とするために、おそば屋さんで食事をした後、友人にスマホでメールを送ったのです。すると、すぐに効果が表れ、彼から1週間ぶりに謝りのメールが届きました。日盤で吉方位を調べ、その星の象意を積極的に活用して、方位のパワーを引き寄せた好例です。

体験談4：デートでプロポーズされた！

方位学に興味を持っていた20代のH子さんは、大好きな彼とのデートに、自分と彼にとっての吉方位にあたる七赤金星が入った方位を使いました。デートは楽しく、夕食にはビールを飲んで彼もH子さんも上機嫌に。やがて、将来の話になり、彼からプロポーズされたH子さん。七赤金星の象意は「飲食店」「ビール」「結婚」ですから、これらの象意を忠実に実行した結果、願いを叶えることができたのです。

方位の力

陰陽五行に基づいた方位学は世界一の開運法

「吉方おでかけ」に使う方位学は、**今から四千年前にシナ大陸（現在の中国の位置）で始まった陰陽《いんよう》五行《ごぎょう》思想《しそう》に基づいた学問**です。

陰陽五行思想とは、この世にあるすべてのものは、五行説の「木・火・土・金・水」という5つの気のどれかに属するというもの。同じ気、もしくは下記の図で隣りにくる気同士は相性がよいということになります。

この陰陽五行思想を、「人」と「方位」に当てはめたのが方位学です。自分の「気」を知り、その気と相性のよい気を持った方位へでかける行動こそ、開運をもたらす「吉方おでかけ」となります。

『源氏物語』にも登場する「方位学」

学校で習った『源氏物語』に「方違《かたたが》え」という表現が出てきたことを覚えている人もいるのではないでしょうか。第2帖「帚木《ははきぎ》」に、行

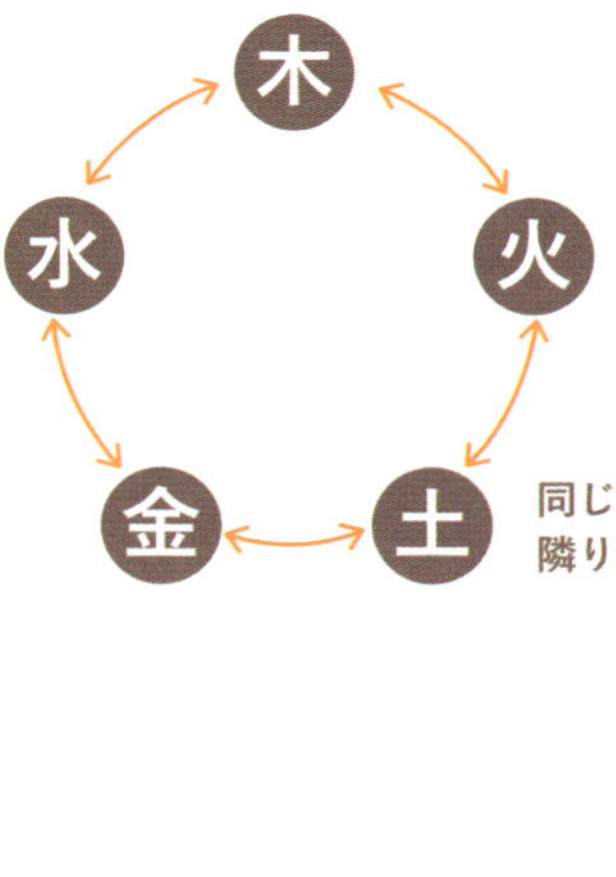

同じ「気」、もしくは
隣り合う「気」同士は相性がよい。

きたい方角がわるいので、別のよい方角の邸《やしき》に一晩の宿を求めてから出向く、というくだりがあります。

平安時代は陰陽道《おんみょうどう》（陰陽五行説に基づき吉凶を判断する占術）をたいへん重視していて、外出の際には必ず方角を占って縁起がわるいことを避けるようにしていました。この頃、方位学が大ブームとなるなか陰陽師《おんみょうじ》として活躍していたのが安倍晴明《あべのせいめい》です。歴史のなかでも、中国の軍神といわれた諸葛孔明《しょかつこうめい》が戦に方位学を用いていたことが知られています。

世界中にあるさまざまな開運法のなかでも、**方位学のパワーは際立っています。その方位学を現代に合うようにわかりやすく、そして誰もが簡単に実践できるようにアレンジしたのが「吉方おでかけ」**です。

方位には、「よい方位」と「わるい方位」がある

「吉方おでかけ」を実践する前に、まず「よい方位」と「わるい方位」があることを説明しましょう。

ふだん、私たちは方位について知らなくても、いいことが起きると無意識のうちに「今日は運がいい！」と思いますし、反対にあまりよくないことが起こると「運がわるかった」と口にすることがあります。

これは方位学的に分析していくと、とても簡単に説明できます。

それは、ただ**「その日、そのとき、その人にとって相性のよい方位にでかけたから幸運が起こり、その人にとって相性のわるい方位にでかけたから不運が起きた」**だけなのです。

「運のいい人」は無意識に「よい方角」へ

方位は、私たちの毎日の生活にさまざまな影響をおよぼしています。方位に「よい＝吉」「わるい＝凶」があることは、まだあまり知られていませんが、よくよく調べてみると「運のいい人」「運のわるい人」と呼ばれる人たちの行動は、方位と深く結びついているのです。

「運のいい人」は無意識のうちに、その人の星にとって相性のよい「吉」となる方位を選んででかけています。一方、「運のわるい人」は、まるで吸い寄せられるように、その人の星にとって相性のわるい「凶」となるわるい方位にでかけているのです……。

それでは、方位と「吉」「凶」の関係をもう少し詳しく見ていきましょう。

方位の力

方位の力は「追い風（吉）」にも、「逆風（凶）」にもなる

「吉」「凶」と聞くと、天地をひっくり返すようなおおげさなものを思い浮かべる人もいるかもしれませんが、不安がらなくても大丈夫。方位学をはじめ、すべての占いにおける「吉」「凶」は物騒なものではなく、ただ「自然の法則に照らし合わせて判定したもの」です。

つまり、**自然の法則に沿う＝その人にとって相性のよいものが「吉」**、**自然の法則に反する＝その人にとって相性のわるいものが「凶」**と判断します。人も自然の法則に沿う行動をとると運が上向いてきますし、自然の法則に反する行動をとると運が落ちていきます。

たとえば、「吉」となるよい方位と、「凶」となるわるい方位にでかけたときに起こる違いを、川の流れでわかりやすく説明することにしましょう。

まず、**「吉」となるよい方位にでかけることは、川上から川下へと流れに沿って泳ぐようなもの。**川の流れに沿って泳ぐのでとてもラク

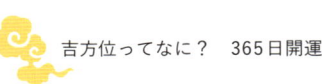

なだけではなく、いつもの半分以下の労力で目的地に着くことができます。

一方、**「凶」となるわるい方位にでかけることは、流れの速い川を川下から川上へと流れに逆らって泳ぐようなもの。**そのため苦労しながら、いつもの何倍もの労力を使ってやっと少しだけ進める、という具合でとてもたいへんです。もし川の流れが激流だったら……。いくら必死に泳いでも進むどころか押し流され、目的地にたどり着けないことだってあります。

つまり、**方位の力は、その日、そのとき、その人の星にとって自然の法則に沿う＝相性のよい吉方位にでかければ「追い風（吉）」になり、自然の法則に反する＝相性のわるい凶方位にでかければ「逆風（凶）」になるイメージです。**

意識しないと、吉方位にでかける確率は2割

ちなみに多くの鑑定結果から、方位学を知らない人が、そのとき、その人の星にとっての吉方位にでかける確率はたったの2割。一方、凶方位にでかける確率は4割となります（可もなく不可もない「普通」方位にでかける確率も同じ4割です）。

吉方位にでかける確率…2割
凶方位にでかける確率…4割
普通方位にでかける確率…4割

そう考えると、普段から「自分は運がわるい……」と感じている人は、自ら凶方位にわざわざでかけている可能性も高いのです。でも、気落ちする必要はありません。これから方位学を積極的に活用するなら、たった2割しかいない、よい方位にでかけて幸運をつかめるグループに仲間入りすることができます。

相性のよい「気」と出会うと、停滞していた気が改善！

では、その日、そのとき、その人にとっての吉方位にでかけると、なぜ運がいい人になれるのでしょう？

たとえば、こう考えてみてください。東洋医学では不調の原因のひとつとして、体全体を巡る「気」の流れが停滞していると考えます。この「気」は、人間の運気とも関係があります。

人は自分が本来持つ星の「気」が相性のよい「気」と出会うと、**みるみるうちに元気になり、滞っていた気が改善します。**

このようにプラスの作用をもたらす別の「気」を「祐気《ゆうき》」と呼びま

す。祐気を取り入れることで、1＋1が2ではなく、10にもなるような強烈な力を発揮することになります。

こうして、**運気がアップし、ツキもどんどん回ってくるようになり、その結果、幸運が舞い込みやすくなり、より幸せな毎日を過ごすことができるのです。**

相性のよい「気」が加わると、巨大なエネルギーが生まれる

では、その人が本来持つ星の「気」が相性のよい「気」と出会うと、具体的にどんなことが起きるのか説明しましょう。

たとえば、化学反応でいうと、オゾン（O_3）とメタノール（CH_3OH）を混ぜ合わせると爆発しますが、方位学でも同じようなことが起こります。

その人が本来持つ星の「気」に、別のプラスの作用を与えるよい「気」が加わると、滞っていた気が活性化しスパークすることで、巨大なエネルギーが生まれます。つまり、今まで滞っていた気が一気に回復するため、運気も大いにアップするというわけです。

このように、運気を回復させる効果的な開運法が、「吉方おでかけ」なのです。

方位の力

「吉方おでかけ」によって毎日を幸運で満たす

ここまでで、「吉方おでかけ」がどのようなものか、具体的にイメージできるようになったのではないでしょうか。

「吉方おでかけ」を日常の散歩や買い物から、デート、仕事の打ち合わせ、日帰り旅行など大切なイベントにも活用すれば、その日、でかけている間にラッキーなことが次々と起こります。

毎日の生活に「吉方おでかけ」を活用

恋愛では夢のようなデートで楽しいひとときを過ごすことができたり、本命の相手とより深く親密な関係になれたり。仕事では打ち合わせや商談がトントン拍子にまとまったり、新しい取引が降って湧いたように決まったり。買い物では驚くほどお得なものが手に入ったり、掘り出しものが見つかることも。

気軽にでかけた日帰り旅行でも、思いがけない素敵な出会いがあっ

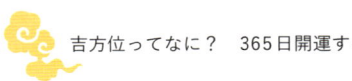

たり、自分の好みにぴったりのお店を見つけたり、充実した時間を過ごすことができるでしょう。

「吉方おでかけ」でよい出会いに恵まれる

また、**「吉方おでかけ」を活用すると、人間関係もうまく回り始めます。**

人との出会いは単なる偶然のように思うかもしれませんが、私たちは出会う人すべてと運命の意図に導かれて出会っています。つまり、よい出会いが多い人は人間関係に恵まれて、それだけ幸せになれますし、よい出会いに恵まれない人は人間関係の問題も起こりやすく、それだけ気苦労が多くなります。

「吉方おでかけ」を活用すれば、人とのよい縁を意図的に作り出すことができますから、人間関係にもどんどん恵まれて、よい循環が生まれるようになります。

次章から、「吉方おでかけ」を実践する際の具体的な方法やおすすめプランを紹介しますので、積極的に吉方位へでかけてハッピーな毎日にしましょう。

第2章

本気で幸運を呼び込む！「吉方おでかけ」の実践法

日帰り「吉方おでかけ」で幸運をつかむための
具体的な方法を説明します。
マイナスパワーを持つ6つの凶方位を避けて、
自分にとっての吉方位を割り出しましょう。

吉方幸運

あなたの「本命星」と相性のよい「気」は？

方位にはその日、そのとき、その人にとっての吉方位と凶方位があり、吉方位にでかければ幸運なことが起こります。

その人にとっての吉方位とは、具体的には「**自分の星（本命星）」にとって「相性のよい星」が入った方位のこと。**その方位にでかけるだけで一日中いいことが起こるのです。

まずは自分の「本命星」を知る

「吉方おでかけ」にでかけるときの、その日、その人にとって相性のよい「吉」となる方位と、その人の「星」の調べ方を説明します。

方位学でいうその人の「星」とは、生まれ年である「本命星《ほんめいせい》」のこと。そして、その人にとっての吉方位を探すためには、その人の星＝生まれ年である「本命星」を調べることが必要になります。

ですから、**まずはあなた自身の「本命星」を調べましょう。**ちなみ

に「本命星」とは、その人の生まれ年に当たる星のことをいいます。「本命星」には、９つの星があり、すべての人が、この９つの星のどれかに属します。

では、32・33ページにある「あなたの本命星がわかる早見表」を見て、生まれ年から自分の「本命星」を調べましょう。「本命星と十二支」の欄に書いてあるものが、自分の本命星となります。

ただし、方位学では一年の始まりが旧暦の２月４日になるため、立春（２月４日、赤字で示した閏年《うるうどし》は５日）以前に生まれた人は、前年の星が本命星となります。たとえば、平成４年（１９９２年）２月３日生まれの人の本命星は、八白土星ではなく、前年の九紫火星となります。

さらに、２月４日～５日の間に生まれた人は、生まれた時間によって本命星が変わります。

たとえば、平成４年（１９９２年）２月４日生まれの人で、午後10時48分より前に生まれた人は、前年の「九紫火星」となりますが、午後10時48分以降に生まれた人はそのまま「八白土星」となります。

この２つに当てはまる人は、くれぐれも間違えないように注意してください。

※今回は、年の変わり目の時刻は明記していません。

生まれ年（西暦）	本命星と十二支	
昭和 58（1983）	八白土星	亥
59（1984）	七赤金星	子
60（1985）	六白金星	丑
61（1986）	五黄土星	寅
62（1987）	四緑木星	卯
63（1988）	三碧木星	辰
平成　1（1989）	二黒土星	巳
2（1990）	一白水星	午
3（1991）	九紫火星	未
4（1992）	八白土星	申
5（1993）	七赤金星	酉
6（1994）	六白金星	戌
7（1995）	五黄土星	亥
8（1996）	四緑木星	子
9（1997）	三碧木星	丑
10（1998）	二黒土星	寅
11（1999）	一白水星	卯
12（2000）	九紫火星	辰
13（2001）	八白土星	巳

生まれ年（西暦）	本命星と十二支	
平成 14（2002）	七赤金星	午
15（2003）	六白金星	未
16（2004）	五黄土星	申
17（2005）	四緑木星	酉
18（2006）	三碧木星	戌
19（2007）	二黒土星	亥
20（2008）	一白水星	子
21（2009）	九紫火星	丑
22（2010）	八白土星	寅
23（2011）	七赤金星	卯
24（2012）	六白金星	辰
25（2013）	五黄土星	巳
26（2014）	四緑木星	午
27（2015）	三碧木星	未
28（2016）	二黒土星	申
29（2017）	一白水星	酉
30（2018）	九紫火星	戌

※２月の節分（４日、赤字で示した閏年は５日）以前に生まれた人は、前の年の本命星になります。

あなたの本命星がわかる早見表

生まれ年（西暦）	本命星と十二支	
昭和 20（1945）	一白水星	酉
21（1946）	九紫火星	戌
22（1947）	八白土星	亥
23（1948）	七赤金星	子
24（1949）	六白金星	丑
25（1950）	五黄土星	寅
26（1951）	四緑木星	卯
27（1952）	三碧木星	辰
28（1953）	二黒土星	巳
29（1954）	一白水星	午
30（1955）	九紫火星	未
31（1956）	八白土星	申
32（1957）	七赤金星	酉
33（1958）	六白金星	戌
34（1959）	五黄土星	亥
35（1960）	四緑木星	子
36（1961）	三碧木星	丑
37（1962）	二黒土星	寅
38（1963）	一白水星	卯

生まれ年（西暦）	本命星と十二支	
昭和 39（1964）	九紫火星	辰
40（1965）	八白土星	巳
41（1966）	七赤金星	午
42（1967）	六白金星	未
43（1968）	五黄土星	申
44（1969）	四緑木星	酉
45（1970）	三碧木星	戌
46（1971）	二黒土星	亥
47（1972）	一白水星	子
48（1973）	九紫火星	丑
49（1974）	八白土星	寅
50（1975）	七赤金星	卯
51（1976）	六白金星	辰
52（1977）	五黄土星	巳
53（1978）	四緑木星	午
54（1979）	三碧木星	未
55（1980）	二黒土星	申
56（1981）	一白水星	酉
57（1982）	九紫火星	戌

自分の本命星と相性のよい「気」が入る方位が「よい方位」

前ページで、自分の「本命星」がわかりましたね。では、その人の星にとって相性のよい「吉」となる方位をどのように探すのか、これから順を追って説明していきましょう。

まず、陰陽五行説《いんようごぎょうせつ》では、この世のすべてのものは「木・火・土・金・水」という5つの異なる性質を持つ「気」で構成されています。一白水星から九紫火星までの9つの星も、この5つの気「木・火・土・金・水」のどれかに属しています。

本命星の名称のなかの五行（木火土金水）に注目するとわかりやすいでしょう。たとえば、「三碧木星」と「四緑木星」は「木星」ですから、5つの気のうちでは「木」に属します。

一白水星は「水」の気、二黒土星と五黄土星と八白土星は「土」の気、三碧木星と四緑木星は「木」の気、六白金星と七赤金星は「金」の気、九紫火星は「火」の気に属しています。

「隣星」か「兄弟星」が入る方位を探す

第1章20ページでも簡単に説明しましたが、それぞれの星の「気」

本命星が属する気

* 木の気……三碧木星・四緑木星
* 火の気……九紫火星
* 土の気……二黒土星・五黄土星・八白土星
* 金の気……六白金星・七赤金星
* 水の気……一白水星

には相性のよい「気」があります。**つまり、その人の星にとって「吉」となるよい方位というのは、それぞれの本命星にとって「本来持つ星の『気』と相性のよい『気』が入った方位」なのです。**

この星ごとの相性のよい「気」とは、陰陽五行説にある、「五行の関係図」で隣り合う「気」(＝「隣星」)、または同じ「気」同士(＝「兄弟星」)です。

つまり、「水」の気は金・木・水。「土」の気は火・金・土。「木」の気は水・火・木。「金」の気は土・水・金。「火」の気は木・土・火の気と相性がよいことになります。

本命星が九紫火星の人の場合は、同じ「火」の気に属する兄弟星はありません。

「五行関係図」で「火」の隣り合わせにある「木」の気に属する三碧木星と四緑木星と、「土」の気に属する二黒土星と八白土星、五黄土星の5つが隣星となります。

37ページにわかりやすく「九星相性表」を紹介しますので、こちらを参考にしてください。

たとえば…

本命星 → 三碧木星

↓ 同じ「木」に属するのは…

兄弟星 → 四緑木星

↓ 「木」の隣にあるのは…

隣星 → 九紫火星・一白水星

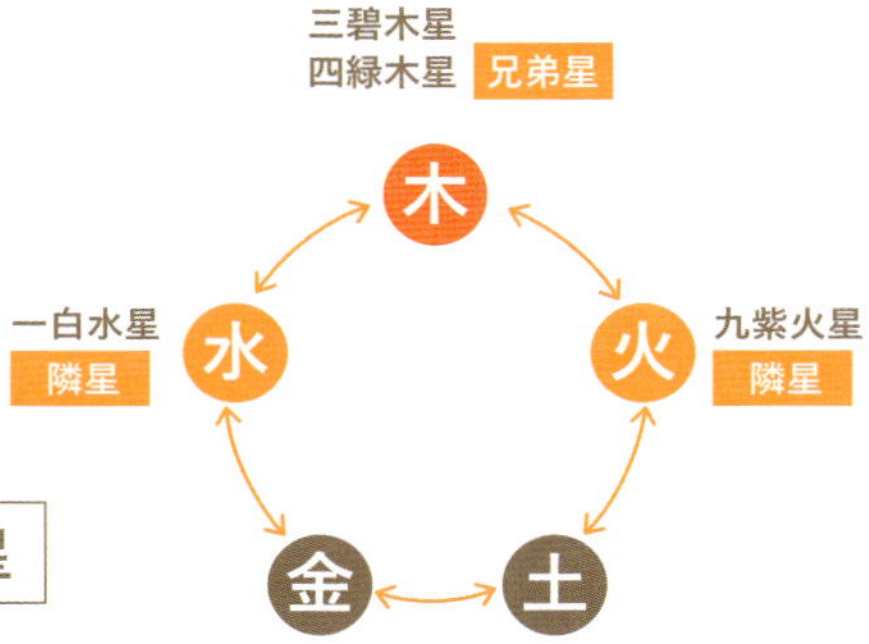

木・火・土・金・水の「五行の関係」

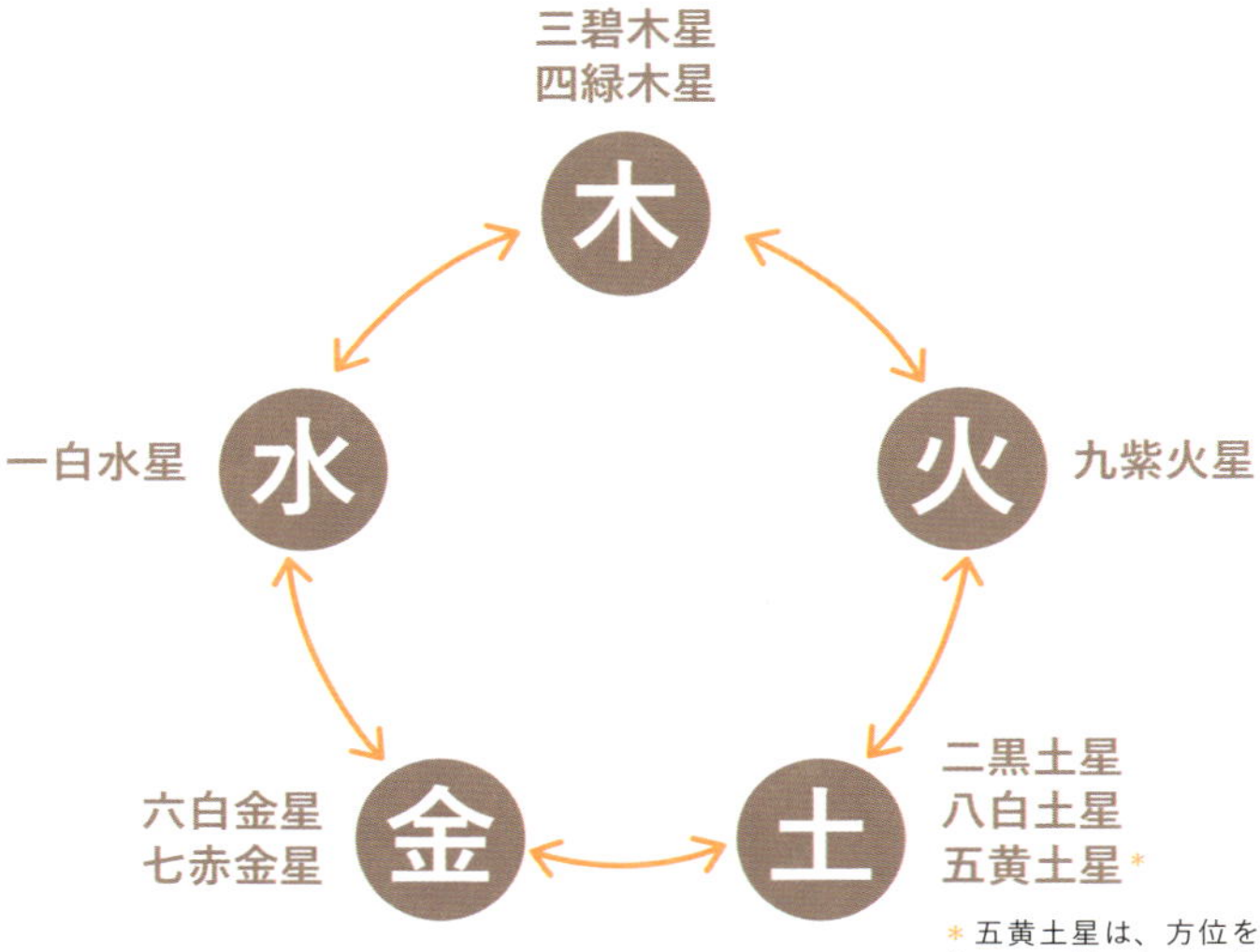

＊五黄土星は、方位を見る場合には、誰にとっても凶方位となり×をつけます。

よい相性の気

＊木の気：水・火・木 の気

＊火の気：木・土・火 の気

＊土の気：火・金・土 の気

＊金の気：土・水・金 の気

＊水の気：金・木・水 の気

これらの「気」の関係は「五行の関係図」の形で説明され、同じ「気」、もしくは図で隣り合う「気」同士は相性がよいと判断する。つまり、木は水と火と木、火は木と土と火、土は火と金と土、金は土と水と金、水は金と木と水の気とそれぞれ相性がよい。「五行の関係図」は、「モッカドコンスイ」と覚えておくとわかりやすい。

九星相性表

◎吉方位となる九星

一白水星		三碧木星　四緑木星　六白金星　七赤金星
二黒土星		六白金星　七赤金星　八白土星　九紫火星
三碧木星		一白水星　四緑木星　九紫火星
四緑木星		一白水星　三碧木星　九紫火星
五黄土星		二黒土星　六白金星　七赤金星 八白土星　九紫火星
六白金星		一白水星　二黒土星　七赤金星　八白土星
七赤金星		一白水星　二黒土星　六白金星　八白土星
八白土星		二黒土星　六白金星　七赤金星　九紫火星
九紫火星		二黒土星　三碧木星　四緑木星　八白土星

吉方
幸運

星は「方位盤」上をぐるぐると回っている

では、本命星から、その日、その人の星にとって相性がよい星が入った吉方位の探し方を説明していきます。

まず、**方位学で「吉」となるよい方位、あるいは「凶」となるわるい方位を知るため八角形の「方位盤」**が必要です（40ページ参照）。

この方位盤上を、一白水星から九紫火星までの9つの星はぐるぐると回っていて、**いつ、どこにどの星が入るかという星の配置から、その日、その人の星にとって相性のよい星が入った吉方位、あるいは相性のわるい星が入った凶方位が割り出せるのです。**

方位盤には「中宮《ちゅうぐう》」と呼ばれる中心に1つ、その周囲に8つの星が入ります。また、中宮の周りにある8つの星が入る方位は角度が決まっていて、北30度、東北60度、東30度、東南60度、南30度、西南60度、西30度、西北60度という具合に、30度と60度に区切られています。

これが方位学でいう「方位」です。方位盤の周囲にある8つの方位

《方位盤》

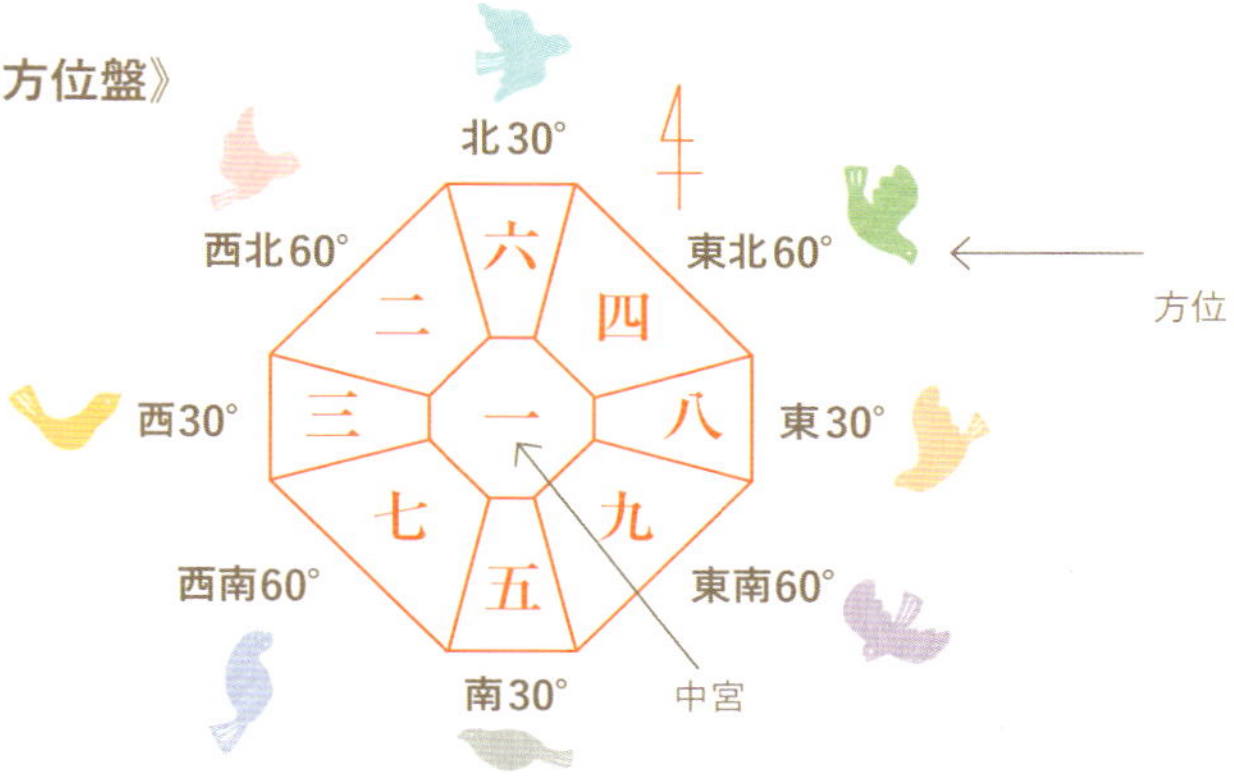

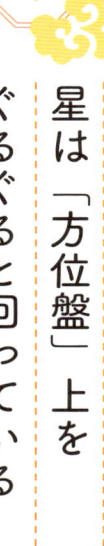

から、その日、その人の星にとって相性のよい星が入った吉方位や相性がわるい星が入った凶方位を割り出します。

ちなみに、この方位盤には「年盤《ねんばん》」「月盤《げっぱん》」「日盤《ひばん》」の3種類があり、それぞれの盤上を星はぐるぐると移動します。年ごとに星が移動するのを年盤、月ごとに星が移動するのを月盤、日ごとに星が移動するのを日盤といいます。

3種類のうち日帰りの吉方位を見る「吉方おでかけ」の場合は、日盤のみを利用します。この方位盤の方位は、方位により、表れる方位効果が違うため、叶えたい夢や目標によって使いわけます（のちほど説明しますが、第5章で紹介する「吉方旅行」では年盤と月盤を組み合わせて利用します）。ちなみにその星の配置は、40ページのように9パターンがあります。「中宮」に入る星により、周囲を取り囲む8つの星の配置は決まっています。

まず自分にとっての吉方位を選び出す

その日、その人の星にとって相性のよい吉方位は、自分の本命星にとって相性のよい「気」が入った方位です。まずは、その吉方位（吉方位候補）を選び出しましょう。

◎ 2019年12月8日のそれぞれの年盤・月盤・日盤の例

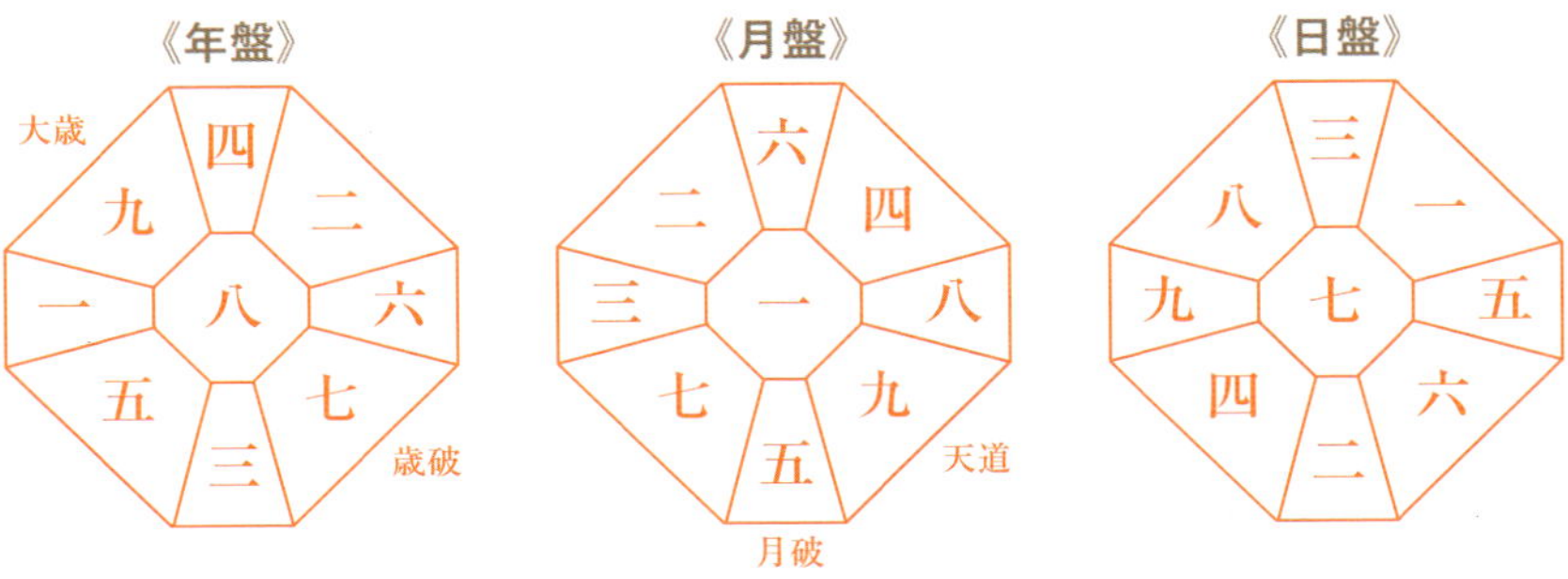

吉方位候補を絞り込んでいくときに必要となるのが、**相性のわるい星が入った凶方位です。消去法で吉方位を見つけていくことになります。**この凶方位についても、あらかじめ知っておく必要があります。

9パターンの方位盤

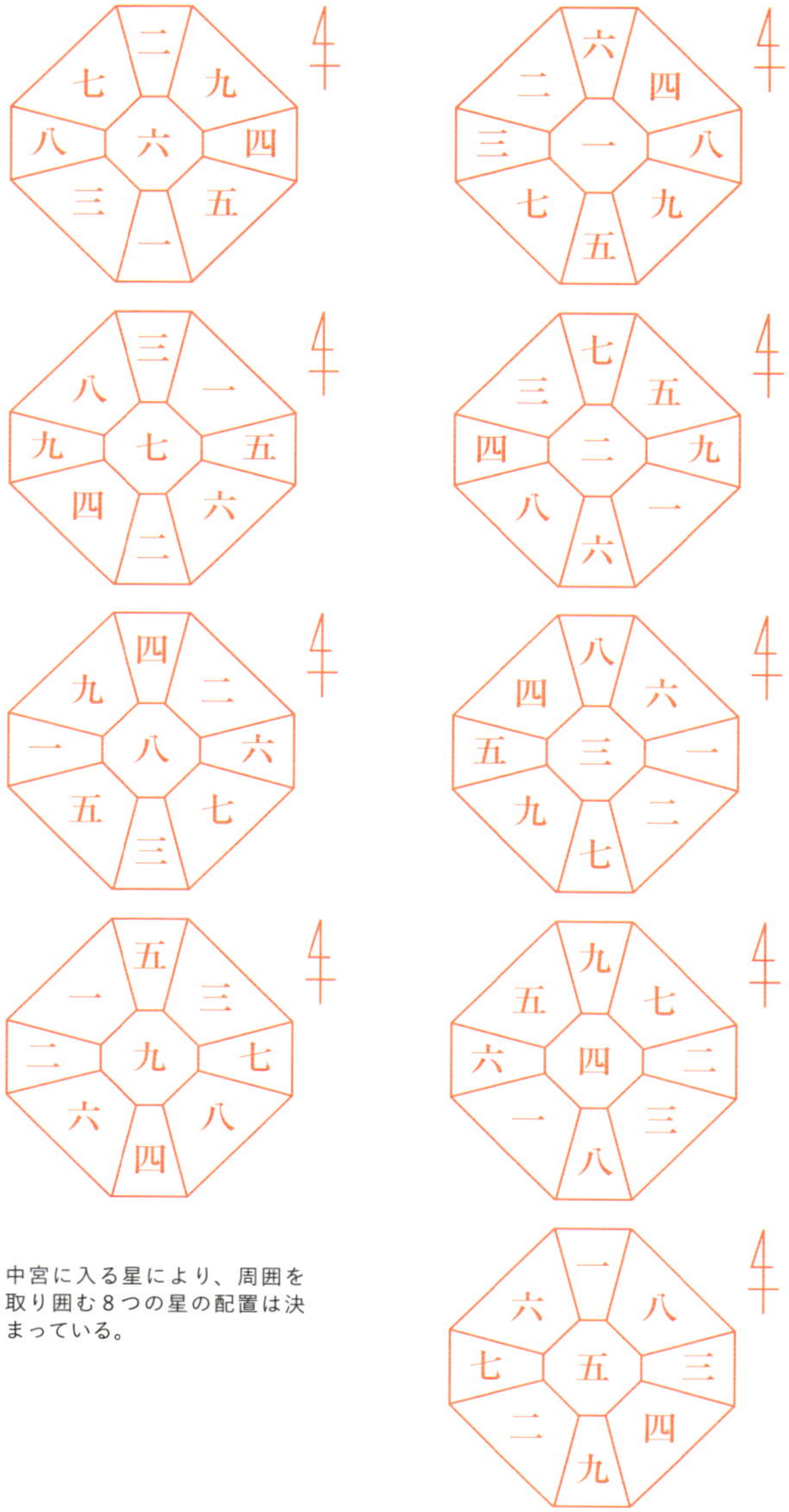

中宮に入る星により、周囲を取り囲む8つの星の配置は決まっている。

6つの「凶」方位を避ける

でかければ幸運が舞い込んできて「吉」となるのがよい方位。それとは反対に、でかけると不運なことが起きるのが「凶」となるわるい方位です。

日盤ではこの凶方位が6つあります。知らずに凶方位にでかけてしまうと、失敗、災難、トラブルなど、わるいことが起こるので、避けるのが一番です。

たとえば、日盤を利用した「吉方おでかけ」の場合、凶方位にでかけてしまうと、不運なことが起きるだけではなく、その人の欠点がいつになく目立ってしまい、自滅するパターンが多くなります。デート、仕事の打ち合わせなど、人と会わなければいけない大切なイベントがあるときは、凶方位をできるだけ避けることが大事です。

では、日盤を利用して割り出す「吉方おでかけ」の6つの凶方位について説明しましょう。

日盤を使用した「吉方おでかけ」で避けるべき「6つの凶方位」は、「五黄殺《ごおうさつ》」「暗剣殺《あんけんさつ》」「本命殺《ほんめいさつ》」「本命的殺《ほんめいてきさつ》」「日破《にっぱ》」「定位対冲《ていいたいちゅう》」です。吉方位候補を絞り込んでいくときに、この6つの凶方位はひとつずつ

凶方位一覧

- ＊五黄殺
- ＊暗剣殺
- ＊本命殺
- ＊本命的殺
- ＊日破
- ＊定位対冲

外していきます。絞り込んだ後、最後まで残った吉方位候補が、その日、その人の星にとって相性のよい星が入った吉方位となります。

６つの凶方位にどんなマイナスパワーがあるのかも、簡単に説明しておきます。

日盤における６つの凶方位

＊五黄殺―ごおうさつ

方位盤上で五黄土星が入っている方位。一白水星から九紫火星までのどの本命星の人にとっても凶方位です。この五黄土星は特別な星で、五黄土星が本命星の人、また同じ「土」の気の二黒土星、八白土星の人にとっても凶方位となります。

この方位にでかけると、五黄殺の「腐る、崩れる、ゴミ、臭い」などのわるい影響を受けてしまい、失敗、遅刻、不評、誤解、トラブルといった災難が起こりやすくなります。

＊暗剣殺―あんけんさつ

方位盤で五黄土星が入っている「五黄殺」の正反対に当たる方位。

◎昭和56年7月15日生まれ［一白水星］平成30年12月8日の場合

《五黄殺》

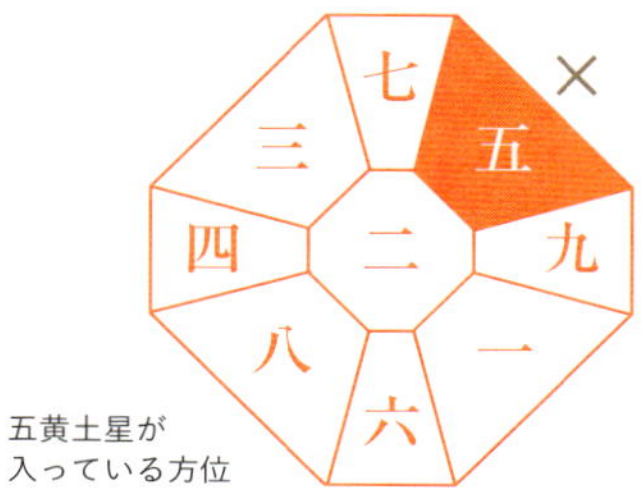

《暗剣殺》

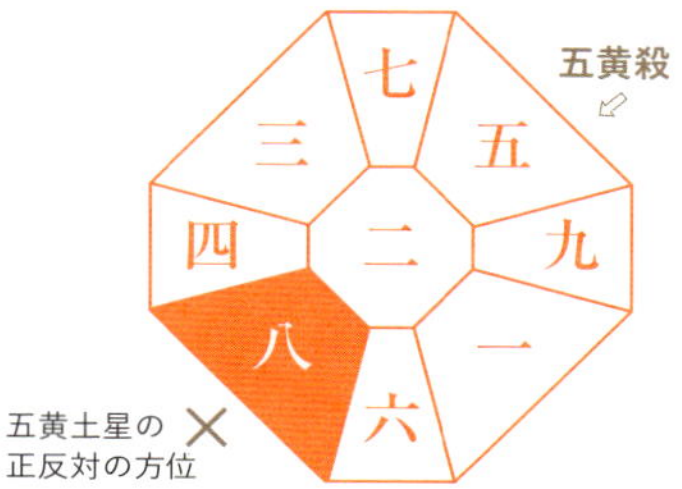

この「暗剣殺」も、一白水星から九紫火星までのどの本命星の人にとっても凶方位です。

主に、自分以外のことが原因となり、他からいきなり降りかかるような災難に見舞われます。病気にも注意が必要です。

＊本命殺―ほんめいさつ

方位盤にその人にとっての本命星が入った方位。主に、自分が原因で失敗します。健康にも注意が必要です。

＊本命的殺―ほんめいてきさつ

方位盤にその人にとっての本命星が入った方位の正反対に当たる方位。主に、他からの間違った情報や、自分の勘違いなどで失敗をします。病気や怪我にも注意が必要です。

＊日破―にっぱ

方位盤で、その日の十二支が入る方位の正反対の方位。ちなみにこの「日破」は日盤のみの凶方位です。吉方旅行で使用する年盤、月盤には存在しません。一白水星から九紫火星までの、どの本命星の人に

《本命殺》

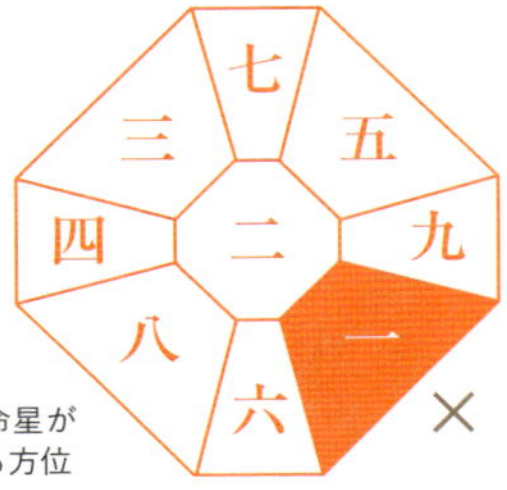

自分の本命星が入っている方位

《本命的殺》

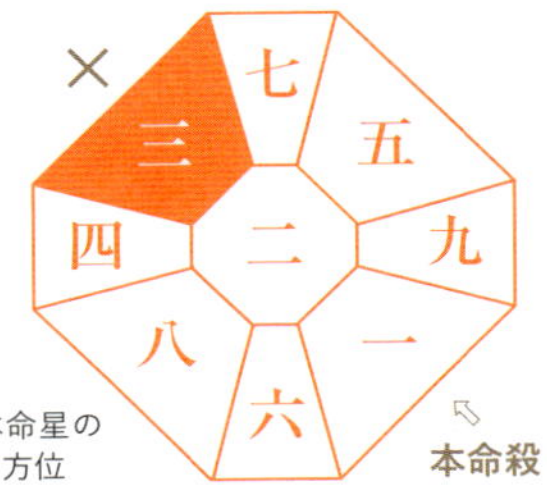

自分の本命星の正反対の方位

とっても、凶方位です。

この「日破」には、「この方位を犯すと何事も破れる」という意味があります。ちょっとした油断がもととなり大切な試合で実力が発揮できなかったり、デートの最中にケンカ別れをしてしまうような失敗をすることもあります（日破の調べ方は次ページ参照）。

＊定位対冲―ていいたいちゅう

一白水星が南30度、九紫火星が北30度に入っている場合。つまり、一白水星と九紫火星の２つの星が、その星の定位置の正反対に入っていると凶方位となります。

特に北に九紫火星、南に一白水星が入った場合のみ、強い凶作用が起こり、「定位対冲」となります。この２つの方位に行くと星は本来のよいパワーが発揮できなくなります。

《定位盤》

《定位対冲》

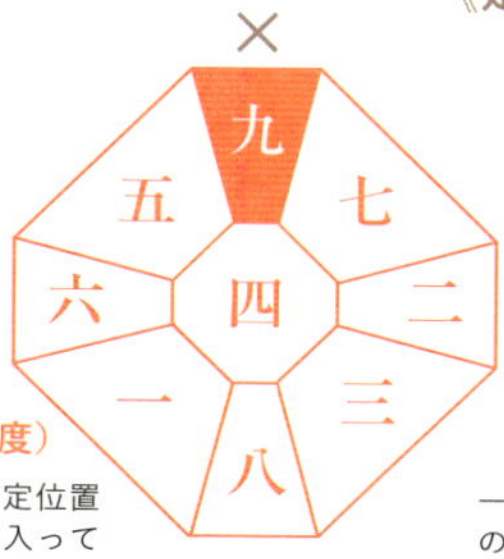

（北30度）
九紫火星が定位置の正反対に入っている方位

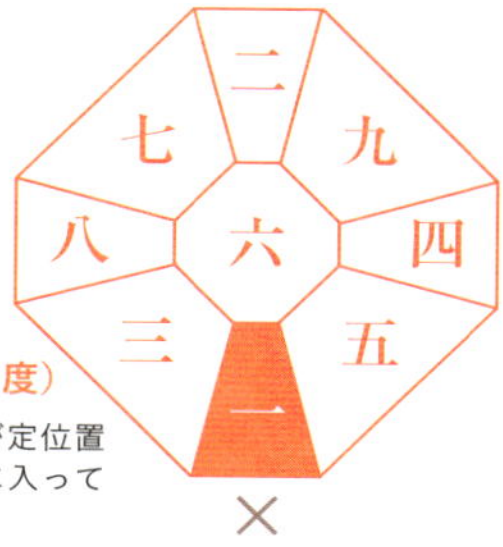

（南30度）
一白水星が定位置の正反対に入っている方位

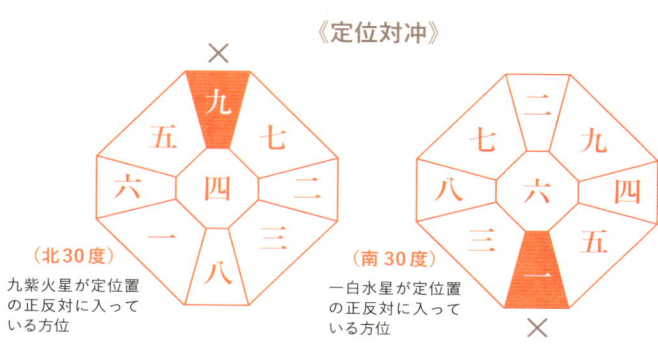

日破の調べ方

＊日盤一覧表で十二支を調べる ｜ 2018年12月8日の十二支は「戌」

土	三碧	寅	水	八白	未	月	五黄	丑	金	九紫	午
日	四緑	卯	木	九紫	申	火	四緑	寅	土	八白	未
月	五黄	辰	金	一白	酉	水	三碧	卯	日	七赤	申
火	六白	巳	土	二黒	戌	木	二黒	辰	月	六白	酉
水	七赤	午	日	三碧	亥	金	一白	巳	火	五黄	戌

※第6章参照

＊定位盤で十二支を確認 ｜ 定位置で「戌」が入る位置を確認

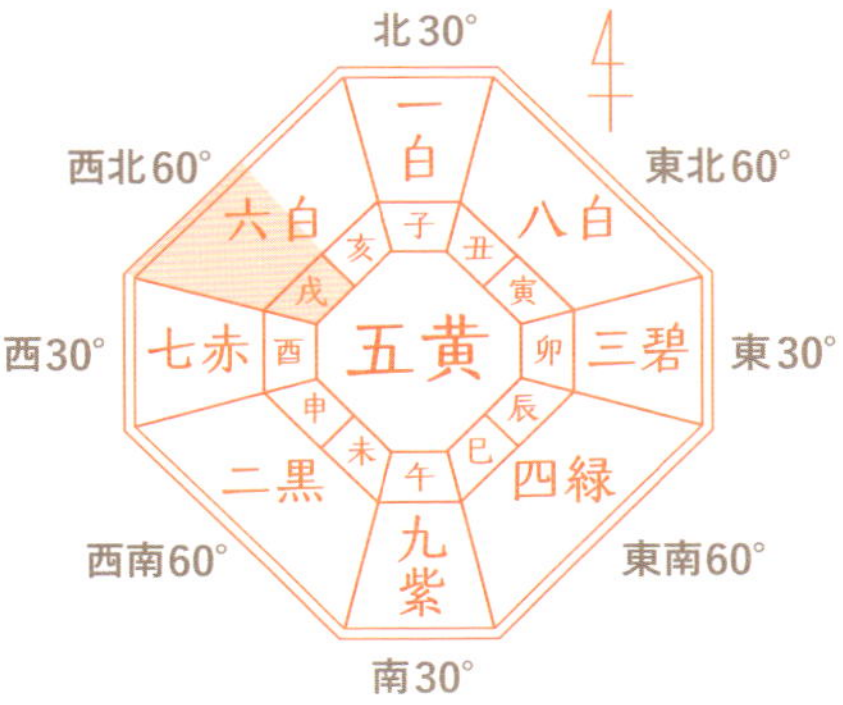

＊その日の十二支の反対側が日破になる ｜ 「戌」の正反対の位置に「辰」が入っている「東南60°全域」が日破になる

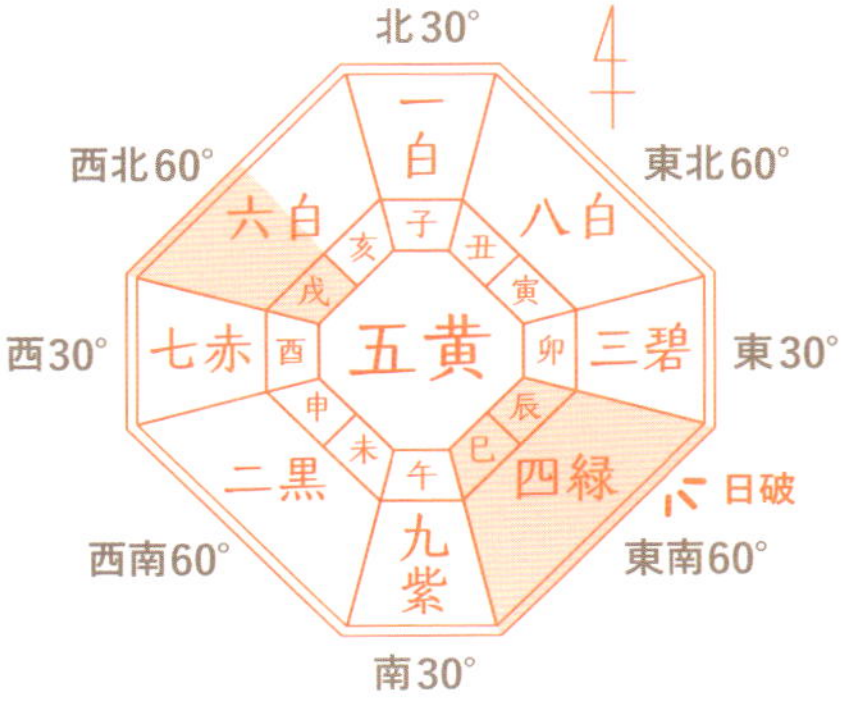

＊日破早見表

十二支		日破	十二支		日破
子	⇒	南	午	⇒	北
丑	⇒	西南	未	⇒	東北
寅	⇒	西南	申	⇒	東北
卯	⇒	西	酉	⇒	東
辰	⇒	西北	戌	⇒	東南
巳	⇒	西北	亥	⇒	東南

年盤、月盤ではほかにも「凶方位」がある

「吉方おでかけ」では使用しませんが、ほかにも凶方位があります。年盤での「歳破《さいは》」、月盤での「月破《げっぱ》」も凶方位です。第5章で紹介する「吉方旅行」ではこの凶方位について知っておく必要がありますので、のちほど第5章115ページで紹介します。

また、年盤のみに表れる「大歳《たいさい》」、これは、吉方位に入れば3倍吉に、凶方位に入れば3倍凶になります。月盤のみに表れる「天道《てんどう》」の方位は、吉作用があります。また年盤と月盤が同じ中宮で重なる「同会《どうかい》」という特別なケースがあり、吉方も凶方も働きが2倍に強化されます。スペシャルなケースとなるため、これも第5章115ページで説明します。

「前夜どこに泊まったか」で吉方位が変わる

「吉方おでかけ」では、日盤を使い、その人が本来持つ星の「気」と相性のよい星が入った吉方位を割り出し、行動します。その際、とても大切なことが、**「前夜どこに泊まったか」です。**

「吉方おでかけ」の場合、その人が今住んでいる自宅からではなく、

前夜に寝泊まりした場所を起点とし、吉方位を測ります。

もちろん自宅で寝た場合は自宅を起点として測りますが、旅行や出張、何かの用事で自宅とは違う場所に寝泊まりした場合、その別の場所を起点として測ります。起点が異なると吉方位も凶方位もガラリと変わってしまいますから、間違えないように気をつけてください。

また、「吉方おでかけ」の行き先は、地図と方位分度器を使って正確に測ることもとても大切です。地図はインターネットのマップでも一般的に使用されている、メルカトル図法の地図を使うと正確に測ることができます。

地図で測るときは、方位を正確に測る「方位分度器」（48ページ参照）を使用しましょう。

①前夜寝泊まりした場所に「方位分度器」の中心を置く。
②地図と「方位分度器」の南北や東西を正確に合わせる。
③その起点から見て、その日、その人の星にとって相性のよい星が入った吉方位がどの地域になるかを調べて、目的地を決める。

※ちなみに「吉方位早楽地図上検索システム」（西谷泰人監修・運営ＷＥＢサイト、月額５４０円。"https://hayaraku.com"）では、生年月日と住所を入力するだけで自動的に吉方位が調べられますので、こちらもご活用ください。

方位分度器

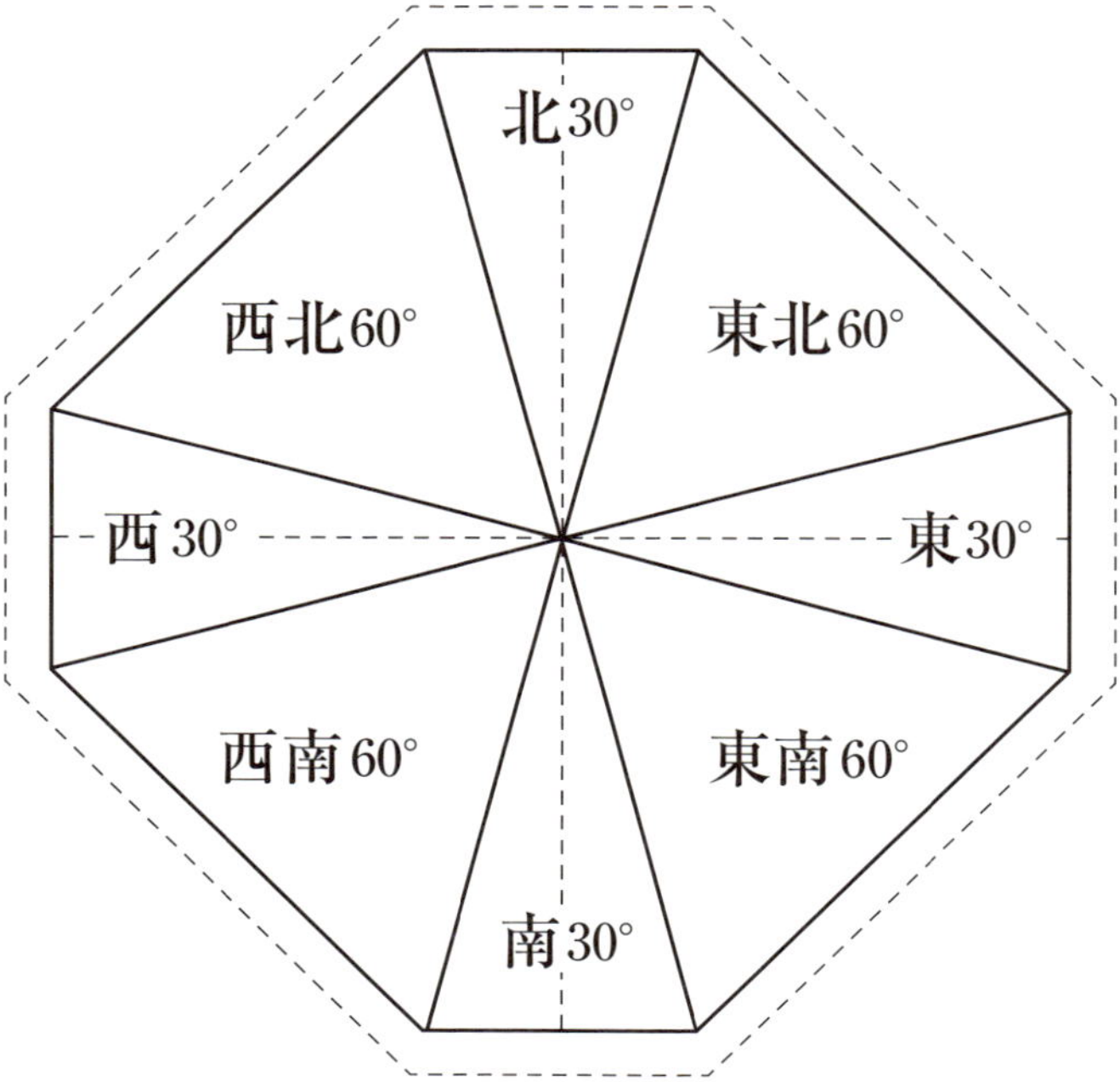

《 方位分度器の使い方 》

＊前夜寝泊まりした場所に「方位分度器」の中心を置く
＊地図と「方位分度器」の南北や東西を正確に合わせる
＊その起点から見て、その日、その人の星にとって相性のよい星が入った吉方位がどの地域になるかを調べて目的地を決める

この方位分度器をコピーして切り抜いて使ってください。
せっかく吉方位を調べても、目的地の方位が間違っていたら
意味がありません。ぜひ活用してください。

吉方
幸運

「吉方おでかけ」の吉方位を割り出す

「吉方おでかけ」を実践するために、具体的にどのように吉方位を割り出していくかを、順を追って説明していきましょう。

日盤による自分にとっての吉方位の割り出し方

1 自分の本命星を知る

32・33ページの「あなたの本命星がわかる早見表」で、自分の生まれ年から本命星を調べます。ただし、方位学では一年の始まりが旧暦の2月4日になるため、立春（2月4日、赤字で示した閏年は5日）以前に生まれた人は前の年の星がその人の本命星となります。

例：91年2月3日生まれの人は、本命星が「九紫火星」ではなく、一白水星となります。

1

平成１（1989）	二黒土星	巳
２（1990）	一白水星	午
３（1991）	九紫火星	未
４（1992）	八白土星	申
５（1993）	七赤金星	酉
６（1994）	六白金星	戌

2 自分の本命星と相性のよい「兄弟星」と「隣星」を知る

36ページの「木・火・土・金・水」の五行の関係図で、自分の本命星が属する気と同じ気に属する「兄弟星」と、隣り合わせにある気に属する「隣星」が相性のよい星となります。

本命星が「九紫火星」の人の日帰りおでかけの吉方位を調べていきます

例：本命星が九紫火星の人は、同じ「火」の気に属する「兄弟星」はなし。「火」の隣り合わせにある「木」の気に属する三碧木星と四緑木星と、「土」の気に属する二黒土星と八白土星の4つが「隣星」となります（五黄土星を抜く）。

3 吉方おでかけをしたい日の日盤の「中宮」と「十二支」を調べる

148ページからの「年盤・月盤・日盤一覧表」から、吉方おでかけをしたい日（吉方位を割り出したい日）の日盤の「中宮」と「十二支」を調べます。

例：吉方おでかけをしたい日が、2018年12月8日の場合、中宮に「二黒土星」があり、十二支が「戌」の日となります。149ページの表で確認してください。

4 吉方おでかけをしたい日の星が中宮にある日盤を見る

40ページの9つの方位盤から探します（なお、方位盤の星の配置は日盤、年盤、月盤とも共通となります）。

2

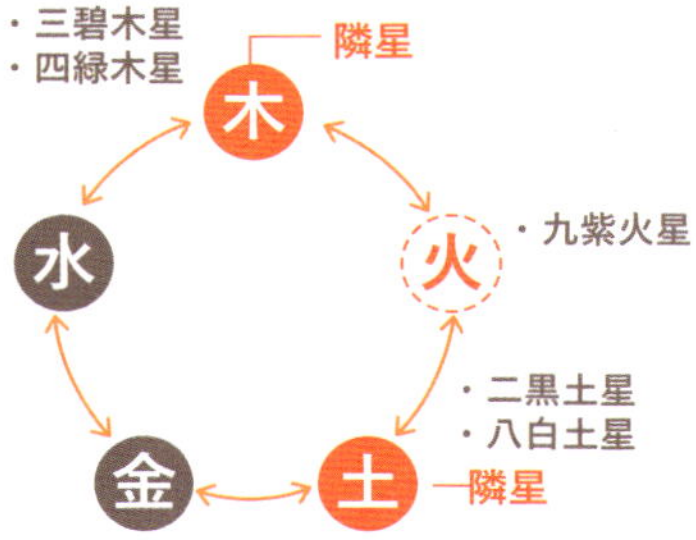

3

日	四緑	卯	木	九紫	申
月	五黄	辰	金	一白	酉
火	六白	巳	土	二黒	戌
水	七赤	午	日	三碧	亥

4

2018年12月8日の
中宮「二黒土星」が入る日盤

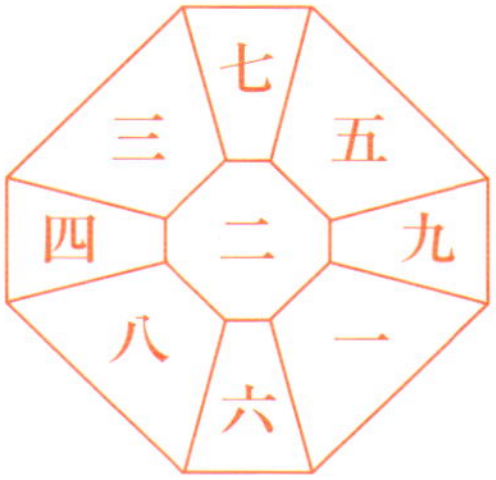

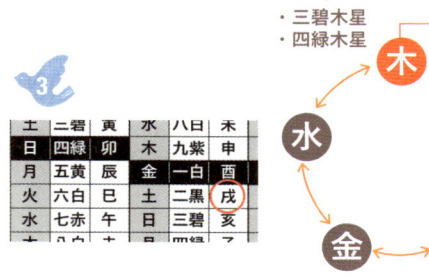

5 日盤で自分の本命星と相性がよい兄弟星と隣星が入った方位を、「吉方位候補」として○をつける

例：2018年12月8日なら、40ページの9パターンの方位盤から「二」（二黒土星）が中宮にある方位盤を、日盤として使います。

例：「二」（二黒土星）が中宮にある日盤を見て、隣星の「三」（三碧木星）、「四」（四緑木星）、「八」（八白土星）が入った方位を、吉方位候補として○をつけます（「二」の二黒土星は中宮に入っているので○はつけられません）。

6 凶方位を以下のAからFの順に割り出し、日盤に×をつけて消す

A：日盤に五（五黄土星）が入っている「五黄殺」の方位（どの星にとっても五黄土星が入った方位は凶方位となります）

B：日盤で五黄殺の正反対に当たる「暗剣殺」の方位

C：日盤に自分の本命星が入った「本命殺」の方位

D：日盤で自分の本命星が入った本命殺の正反対にある「本命的殺」の方位

E：日盤でその日の十二支が入った方位の正反対にある「日破」の方位（45ページにある定位盤か、「日破早見表」で調べます）

5 自分の本命星と相性がいい兄弟星と隣星が入っている方位に○をつける《九紫火星の人の場合》

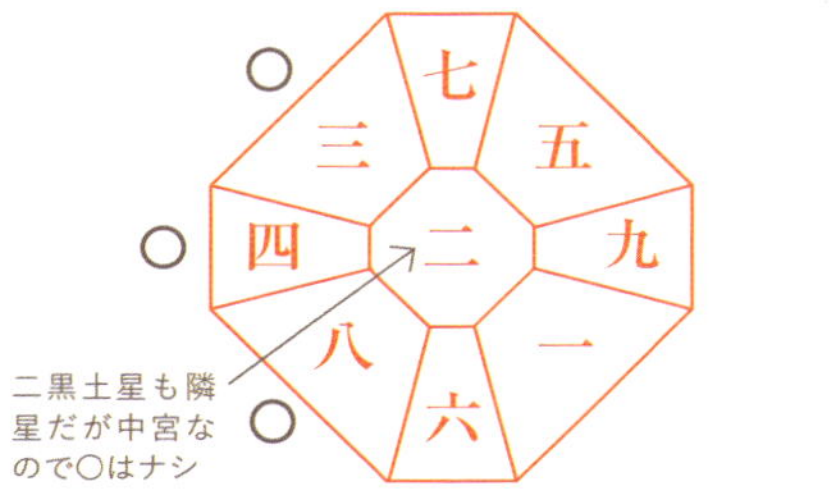

6 凶方位を割り出し×をつけていく

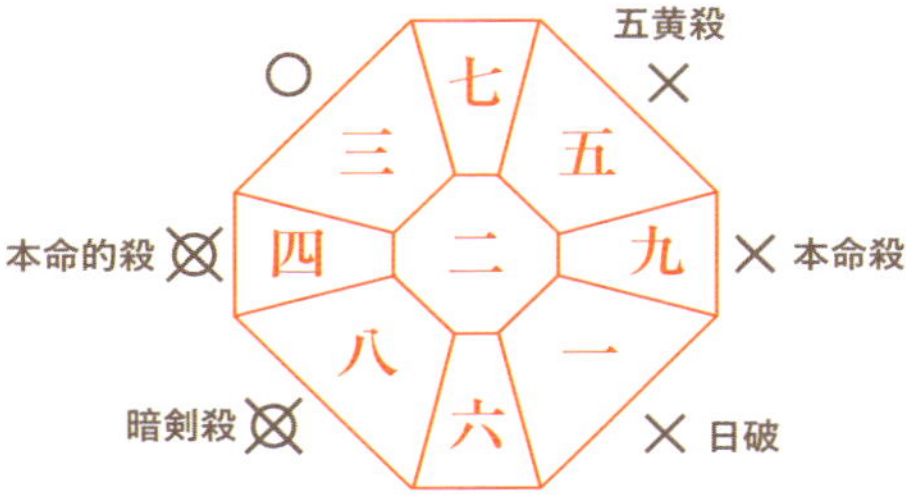

F：日盤で一白水星が南30度、九紫火星が北30度にある「定位対沖」の方位（いずれか1つでもないかを見ます）

例：九紫火星の人の2018年12月8日の場合。
A：五黄殺。五（五黄土星）が入った方位が×
B：暗剣殺。五黄殺の正反対になる八（八白土星）が入った方位が×
C：本命殺。自分の本命星の九（九紫火星）の方位が×
D：本命的殺。自分の本命星の正反対に入っている四（四緑木星）が入った方位が×
E：日破。十二支「戌」が入った三（三碧木星）が入った方位の正反対にある一（一白水星）が入った方位が×
F：「定位対沖」の方位にならないので×はつけない

7―⑥の凶方位と重ならない、⑤の吉方位候補が入った方位が、その日の吉方位となる

ちなみに○も×もつかない方位は、吉凶どちらでもない方位の△となります。

例：2018年12月8日の九紫火星の人にとっての吉方位は、三（三碧木星）が入った西北60度のみとなります。この日におでかけするなら、吉方位の西北60度に行きましょう。

7 九紫火星の人にとって 2018年12月8日の吉方位

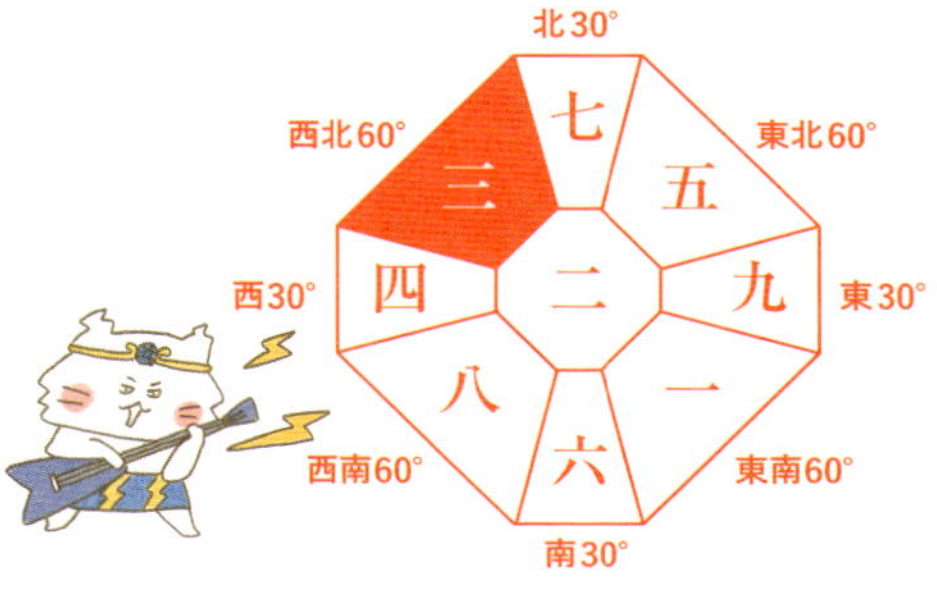

定位盤で「戌」が入る位置を確認。その正反対の方位が日破

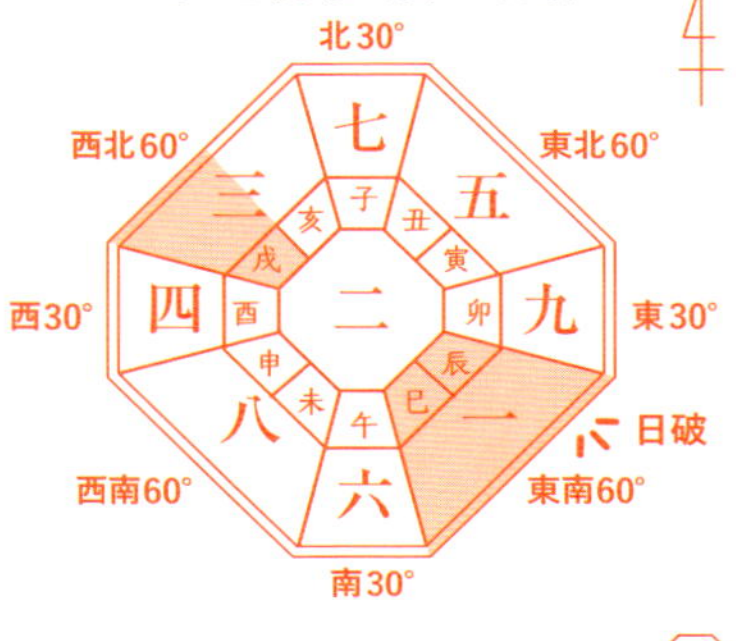

8 ⑦で割り出した吉方位を、地図で正確に測る

例：自宅（あるいは前日滞在した地点）が東京・中目黒の場合、その地点を起点にして、この日の吉方位である西北60度を正確に測ります。

「吉方おでかけ」のための「今日の吉方位」がひと目でわかる早見表も用意しました。詳しくは次ページをご確認ください。

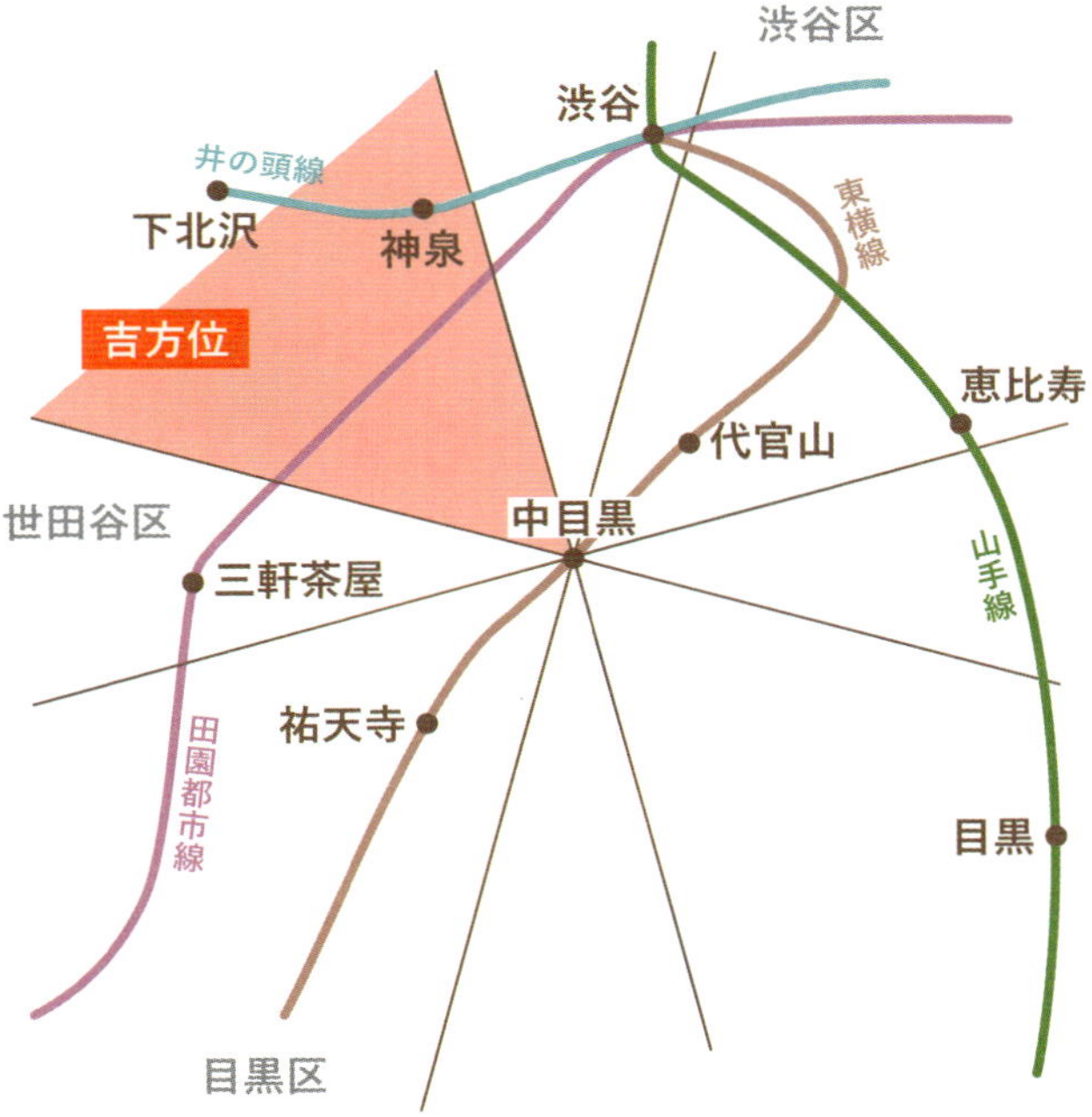

「毎日の吉方位 早見表」を
パソコン・スマホからチェック！

「吉方おでかけ」を毎日の生活に活用して幸運を呼び込んでいただくために、
その日のあなたにとっての吉方位が
すぐにわかる「毎日の吉方位 早見表」をご用意しました。
一白水星から九紫火星までの九星ごとに、
2018 年 11 月 1 日～ 2021 年 1 月 31 日の
吉方位を調べることができます。
パソコンやスマートフォン端末で
下記の URL からチェックしてみてください。

http://sp.nihonbungeisha.co.jp/kippoui/

注意事項

- 早見表チェックは通信環境により、別途通信料金がかかります。
- 端末や通信環境によってはご利用いただけない場合があります。
- 本ページはスマホからもチェックできますが、パソコン用ページです。
- 本サービスは予告なく変更・終了することがあります。
  あらかじめご了承ください。（2018 年 9 月現在）

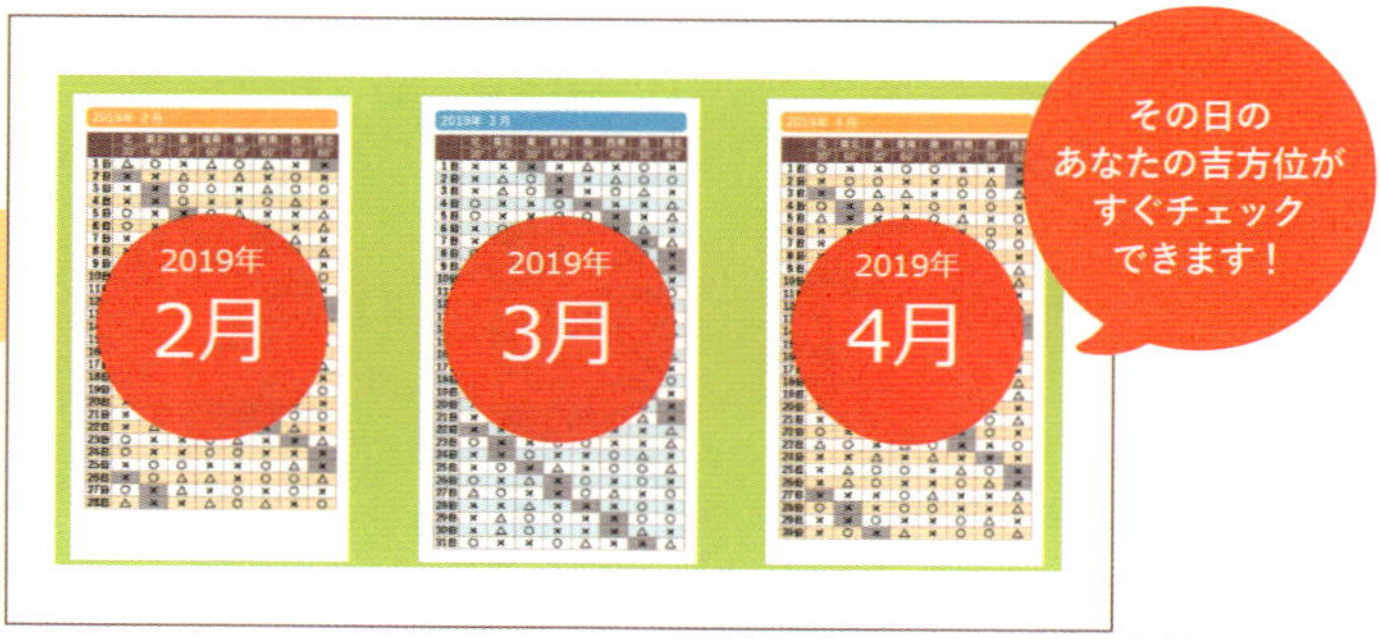
2019年
2月
2019年
3月
2019年
4月
その日の
あなたの吉方位が
すぐチェック
できます！

2018年11月～2021年1月までの吉方位

第3章

星の象意を取り入れた日帰り「吉方おでかけ」プラン

「吉方おでかけ」の開運パワーを
さらにアップさせるためには、
「星の象意」を積極的に取り入れることがおすすめ。
ぜひ目的別おでかけプランを参考に！

星の象意

「星の象意」でさらに毎日のおでかけが開運行動に！

日盤で割り出した、自分の本命星と相性のよい星が入った吉方位にでかけるのが「吉方おでかけ」。一日中、ツキに恵まれてよいことがどんどん起こるので、散歩や買い物といった日常のおでかけから、人との待ち合わせ、デート、仕事の打ち合わせなど、大切なイベントにどんどん活用してください。

その吉方おでかけの開運効果をアップさせるために、さらに強くおすすめしたい方法があります。

それが**「星の象意」を、吉方おでかけのときに積極的に活用することです。**

9つの星は「キャラ」が異なる

この「星の象意」というのは、簡単にいうと、一白水星から九紫火星までの9つの星それぞれが持つ性格や個性のこと。人間と同じよう

に、一白水星から九紫火星までの9つの星はそれぞれ性格や個性が異なるのです。「星の象意＝キャラ」、つまり方位のつかさどるイメージと考えてみてください。

14ページで星別キャラクターとして紹介した9つの星の象意は、それぞれ天上界の神さまをイメージしています。

その日、自分にとっての吉方位にあたる星が入った方位に**吉方おでかけをするときは、一白水星から九紫火星の神さまたちの象意を思い出して、「今日の行き先は、あの神さまの星が入った方位なんだな」と強くイメージするようにしてください**（象意は80ページ以降参照）。

各星の象意が引き起こすさまざまな出来事

各星が入った方位にでかけると、実にさまざまな出来事が起こります。それこそが、各星の象意であるそれぞれの神さまたちが引き起こす現象。

ただし、神さまにはいいところもあれば、ちょっと残念なところ（愛すべき欠点ではありますが）もあるため、各星が入った方位にでかけると、よいわるいは抜きにして、その星の象意である神さまの性格や個性がユニークに発揮された出来事が起こるのです。

一白水星

二黒土星

三碧木星

もちろん、**神さまがいる星が入った方位が自分にとっての吉方位だったら、神さまのいいところがいかんなく発揮され、ラッキーなことが次々と起こります。**

たとえば、三碧木星は「音」に関する象意を持ちますが、吉方位であれば、何気なく入ったカフェに好きな音楽が流れていて、思わず会話もはずみ、相手との親密度がアップするという効果がもたらされます。

一方、その三碧木星が入った方位が自分にとってあまりよくない凶方位だったら……。カフェの音楽がうるさくて、まわりの雰囲気も落ち着かず、会話に気持ちが入らないというように、神さまの残念なところばかりが発揮されてしまい、ツイていないことが起こるので注意が必要です。

ただし、凶方位については防御策がありますのでご心配なく。第4章で詳しく説明します。

「象意（キャラ）」の力を積極的に活用し味方につけよう

この9つの星のキャラである神さまたちがそれぞれ引き起こす出来事をあらかじめ頭に入れておけば、吉方おでかけをするときに、より

四緑木星

五黄土星

六白金星

開運効果を高めることができます。

たとえば、その日、自分にとって一白水星が入った吉方位でデートをするなら、「一白水星＝『お酒』の神さま。今日こそは本命の彼ともっと仲よくなりたいから、一白水星の神さまの象意である『お酒』のある店に誘ってみよう」という具合に。

各神さまの象意の力を借りて、意図的にラッキーなことが起こる確率をどんどん上げていくのです。

「吉方おでかけ」は、ただでかけるだけでもよいことが起こりますが、さらに開運効果をアップさせるために、それぞれの星の象意を積極的に活用してください。きっと各星の神さまがよいことが起きるように、あなたの後押しをしてくれますよ。

「各星別吉方おでかけ」のおすすめプランを紹介

では、**具体的にそれぞれの星の象意をどう活用し、味方につければよいかをご紹介**しましょう。

一白水星から九紫火星までの各星が入った吉方位でのおすすめプラン「目的別おでかけプラン」を、62～79ページに紹介します。

ただし、五黄土星については、どの本命星にとっても凶方位となる

七赤金星

八白土星

九紫火星

ため、注意事項を示しています。**各星のプランを「恋愛・デート」「仕事・商談」「人間関係」「お金・買い物」と4つの目的別に紹介しているので参考にして、吉方おでかけでより多くの幸運を呼び込んでください。**

ちなみに、象意は、おすすめプランで紹介したもの以外にもたくさんあります。たとえば、一白水星なら「お酒」「水」「魚」「飲み物」「秘密」「宴会場」「地下」「しょっぱい」のほかにも、それこそ星の数ほどたくさん。

吉方おでかけプランを自分で考えるときは、一白水星から九紫火星までの「九星象意一覧」（80ページ）を参考にしてください。五黄土星の象意一覧も、凶方位で避けるべきものとして紹介しますので目を通しておいてくださいね。

注意していただきたいのは、ここでいう星の神さまのキャラは、生まれ年にあたる本命星のことではなく、その星がつかさどる方位の象徴であるという点です。

五黄土星を避けるべき凶方位としているのも、あくまで方位としてとらえた場合なので、本命星とは切り離して考えてください。

＊80〜88ページでは、各星の象意一覧を紹介。

＊62〜79ページでは、各星の目的別おでかけプランを紹介。

星の象意

象意を取り入れた目的別おでかけプラン

象意を活用した「目的別おでかけプラン」の使い方

自分にとってどの星が入った方位がその日の吉方位なのかを、まずきちんと確認します。

必ず自分にとっての吉方位である星が入ったおでかけプランを選んでください。

その星が入った吉方位において、星の象意である場所にでかけ、象意の食べ物を食べたり、飲み物を飲んだり、象意の品物に触れたり買ったり。また、同じく象意である職業の人と接し、話をするのもおすすめです。吉方位での行動に象意を積極的に取り込んで活用すれば、意図的に多くの幸運を呼び込むことができ、「吉方おでかけ」の開運効果をよりアップさせることができます。

一白水星 いっぱくすいせい

行き先：「水」に関わる象意の星。行き先は水のあるスポットへ。

キーポイント：一白水星が入った吉方位にでかけたら、象意である水やジュースなどの飲料水やお酒を飲むと、幸運が呼び込めます。

恋愛・デート

一白水星にはセックスや交際を意味する象意が……。本命とのデートのみに絞るべし！

＊＊＊

《水》がふんだんにある場所

一緒に遊びに行くなら、**プール**、**滝**や**温泉**など、**水**がふんだんにある場所を選ぶと楽しいひとときに。

《魚》に縁がある場所

水族館、**漁師**や**水産物関係者**がいる漁港や市場など、**魚**に縁がある場所にでかけるのも吉。

《中年男性》がいる店

一気に親しくなりたいなら、夜、**中年男性**がマスターを務める**お酒**のある店へ。**バー**のカウンター席がイチ押し。

仕事・商談

飲み物を交えて話すと場が和やかになり、交渉ごとがよい方向に進む星回り。

＊＊＊

《飲み物》のある場所

仕事の話はカフェやホテルラウンジなど、**飲み物**のある場所で。**ジュース**も**お酒**も、よい展開を演出してくれるでしょう。

《秘密》の話ができる場所

相手を説得するときは、**居酒屋**や**スナック**のボックス席など、**秘密**の話ができる場所ならまとまる星回り。**ホステス**さんが**お酒**を注いでくれる店も◎。

《宴会場》のある店

接待は**宴会場**のある店で、**魚**や**貝**、**豆腐**を使った料理で。

人間関係

相手が悩みごとを話し始めたらチャンス！ イヤがらずに聞き役になると距離が縮まる。

＊＊＊

《地下》にある店

人と会うときは、**地下**や**地下街**にある喫茶店や飲食店へ。相手が**悩みごと**を話し始めたら、イヤがらずに聞き役になると意外なよい展開が。

《お酒》が楽しめる店

居酒屋、バル、立ち飲み屋など、**お酒**を楽しめる店で会うと親交がより深まることに。

《水》のパワーがある場所

人間関係で悩みがあったら、**銭湯**や**スーパー銭湯**、スパなど**水**のパワーに癒される場所へ。

お金・買い物

何事も欠乏しやすい方位だが、補充できる場所へ行くとお金が入りやすくなる。

＊＊＊

《欠乏》を補充できる場所

飲料水など切らした日用品をスーパーで買う、**ガソリンスタンド**で給油するなど、**欠乏**の補充場所が金運アップの鍵。

《しょっぱい》ものがある店

大きな買い物やくじ購入の前に、**塩**、**塩辛**、**漬物**など**しょっぱい**味のものがある食料品店のコーナーに寄ってみて。

《水に関係する》店

酒屋、**クリーニング店**など**水に関係する**店へ立ち寄ると、日用品で思わぬお値打ち品が。

二黒土星 | じこくどせい

行き先：「庶民」が象意である星。
行き先は大衆的な場所や店へ。

キーポイント：二黒土星が入った吉方位にでかけたら、
象意である母親や家族と積極的に関わったり、話題にすると幸運が呼び込めます。

恋愛・デート

庶民、大衆の星である二黒土星、お金をあまりかけないデートが吉と出る！

＊＊＊

《庶民的》な場所

下町、門前町など、**庶民**的な場所でのデートがイチ押し。気取りがない定食屋、**大衆食堂**などで、**ご飯もの**を一緒に食べると親近感がよりアップ。

《牛》や《猿》がいる場所

牛、**馬**、**羊**と触れ合える牧場や、**猿**がいる観光スポットへ。

《野原》や《平原》、《農村》

2人の関係を**育む**なら、**野原**や**平原**、**農村**など、大地の息吹を感じられる場所へ。**農業や牧畜業に関わる人**と話すのもOK。

仕事・商談

勤勉さや努力家であることをアピールすると、相手も誠実にきちんと応えてくれる。

＊＊＊

《働く》人が見える場所

会議室のような空間より、共有のミーティングスペースなど、ほかにも**働く**人が見える場所のほうが商談がスムーズに。

《勤勉》さをアピールできる場

勤勉さや**努力**のあとをアピールすると、仕事のチャンスをつかめる星回り。現場や作業場に出向いてもらうのがおすすめ。

《お母さん》がいる店

接待なら、小料理屋など、**お母さん**や**おばあさん**が切り盛りする**家庭**的な店がイチ押し。

人間関係

家族、育てる、大衆を意味する象意が多く、穏やかな人間関係が結べる星回り。

＊＊＊

《畳》でくつろげる店

人と会うなら古民家カフェや食堂など、**畳**や**座布団**があって民家のようにくつろげる店へ。

《育てている》場所

人間関係に悩んでいるなら、植物園や動物園、農業体験ができる**田畑**や菜園など、何かを**育てている**場所にでかけると吉。

《大衆的なお菓子》を売る店

誰かの家を訪問するとき、この星が入った吉方位の**お菓子屋**さんの**米**、**小豆**、**大豆**を使った餅菓子や**麦**菓子を手みやげに。

お金・買い物

二黒土星の入った吉方位では、お金に関する縁も、家族、母親が運んでくる。

＊＊＊

《家族》で経営する店

買い物をするなら、**家族**経営の店を選んで。お店の**お母さん**と積極的に話すのも◎。

《家族》連れが多い場所

大きな買い物やくじ購入の前には、**ファミリーレストラン**、回転寿司など、**家族**連れが多い店へ。**母親**との共同購入も吉。

《住宅地》にある店

商店街から外れた、**住宅地**にポツンとある店へ。**雑貨屋**さんなら、**土**ものの陶器で掘り出しものが見つかる可能性大。

三碧木星　さんぺきもくせい

行き先：「音」に関わる象意が多い星。行き先は音や音楽のある場所へ。

キーポイント：三碧木星が入った吉方位にでかけたら、象意である酸っぱいものや寿司を食べると幸運が呼び込めます。

恋愛・デート

音楽を聴きに行くと親密度がアップ！　食事は寿司、酢のものがある店へ。

＊＊＊

《音楽》が聴ける場所

コンサート、**音楽喫茶**などで**音楽**を聴くデートがイチ押し。**楽器店**、CDショップなど、**音楽**がかかる場所に行くのもOK。

《音》が効果的に聴こえる場所

花火、**太鼓**など、にぎやかな**音**がその場を盛り上げてくれるお祭りやイベント会場へ。

《寿司》《酢》のものがある店

食事をするなら、**寿司**、**酢**のものがある店で。デザートも、**レモン**、**みかん**、**グレープフルーツ**など、**酸味**のあるものを。

仕事・商談

インターネット環境がバツグン、開業したばかりの場所がよい仕事を運んでくる。

＊＊＊

《インターネット》環境がキー

打ち合わせや商談は、Wi-Fi完備のカフェやコワーキングスペースなど、**インターネット**環境がバツグンの場所が◎。

《開業》したばかりの場所

新しく始めるという象意も。話題の商業施設など、**開業**したばかりの場所での打ち合わせが、よい仕事を運んでくるはず。

《講演会》や《セミナー会場》

斬新なアイデアがひらめく星回り。**講演会**や**セミナー会場**で新しい情報や知識を得ると吉。

人間関係

人間関係が発展しやすい星回り！　音、音楽、著名人のパワーを味方につけよう。

＊＊＊

《音楽》や《テレビ》のある店

人と会うときは**音楽**が流れる店で**音**のパワーを味方に。**テレビ**や**ラジオ**がかかる店も◎。

《楽器店》や《家電量販店》

にぎやかな場所に身を置くほど運気もアップ。**音楽**がにぎやかにかかる**楽器店**や**家電量販店**に寄ってから人と会ってみて。

《著名人》の店

著名人が経営する店、特に**テレビ**、**ラジオ**などマスコミによく登場する人物の店に行くと、人間関係がよい方向に発展！

お金・買い物

金運アップを願うなら、音に加え、スピードの速いものを取り入れよう！

＊＊＊

《急行・特急電車》で行く場所

スピードの速いものも吉。大きな買い物や宝くじ購入は、地元ではなく、１駅でも**急行・特急電車**に乗って行ける場所で。

《お経》などが聴こえる場所

金運アップを願うなら、**お経**や**祭主**がいる寺社で願掛けを。**太鼓**の**音**が聴こえてくる時間帯をねらうと効果的。

《大音量》がかかる店

買い物は、**音楽**を**大音量**でかけている店で。特にお買い得な**電気製品**が見つかる星回り。

四緑木星　しろくもくせい

行き先：「旅行」「長いもの」に関わる象意が多い星。行き先は有名観光スポットへ。

キーポイント：四緑木星が入った吉方位にでかけたら、象意である麺類など長いものを食べると幸運が呼び込めます。

恋愛・デート

結婚、整うという象意がありデートに最適！　旅行者が訪れる有名観光スポットがイチ押し。

＊＊＊

《旅行者》が多い場所

旅行に縁が深い星。デートは、**旅行者**がひっきりなしに訪れる城や城跡、展望台、テーマパークなど、有名観光スポットへ。

《結婚》とも縁が深い場所

縁談、**整う**という象意も。**神社仏閣**、西洋館など、**結婚**とも縁が深い場所ならなおさら◎。

《麺類》が食べられる店

関係を深めるなら、象意の**長いもの**を一緒に食べて。**うどん**、**そば**、**ラーメン**などの**麺類**が食べられる店がおすすめ。

仕事・商談

商売と縁がある星で、仕事や商談に最適の方位。接待をするなら、長いものが食べられる店へ。

＊＊＊

《商売》と縁が深い場所

商売という象意がある星。オフィス街より、**商売**繁盛の**神社**の近くや買い物客が多いショッピングエリアで打ち合わせを。

《線路》や《道路》に近い場所

駅ビル、遠くから来る車が行き交う幹線道路沿いの店など、**線路**や**道路**に近い場所が吉。

《長いもの》が食べられる店

長いものが話をまとめてくれる星回り。接待するなら、**太刀魚**や**穴子**、**うなぎ**や**どじょう**料理が食べられる店へ。麺もOK。

人間関係

人間関係もうまく整う星回り、結婚、旅行に縁の深い場所で会うのがおすすめ。

＊＊＊

《結婚》式に縁のある場所

結婚、**整う**という象意がある四緑木星。初対面の人とは、ウェディングも行うレストラン、ホテルラウンジなど、**結婚**式と縁のある場所で会うと和気あいあいとした雰囲気に。

《旅行》に関連する場所

待ち合わせなら、**旅行**会社や**旅行**グッズの店の前で。**旅**の話題で会話も盛り上がりそう。

《木材》をふんだんに使った店

人と会うなら、**木材**を使った温かみのある店も吉。

お金・買い物

大きな買い物はできるだけ遠方で。リサイクルショップで不要なものを売るのも吉。

＊＊＊

できるだけ《遠方》の場所

遠方という象意があり、大きな買い物をしたり宝くじなどを買うなら、できるだけ自宅から遠い売り場にでかけてみて。

《家具》や《旅行》グッズの店

買い物は、**家具**、**旅行**グッズも揃う店にお値打ち品が。**ヒゲのある男性**スタッフに相談すると、お得な買い物ができるかも。

《整理》ができる場所

商売、**整理**という象意も。リサイクルショップで不要なものを売ると高値で売れることも。

五黄土星｜ごおうどせい

行き先：**五黄土星の入った方位は、どの本命星の人も避けるべき。**

キーポイント：五黄土星の入った方位にでかけてしまうと、
時間とともにじわりじわりとツキを失い、大きな損失や失敗をしてしまいます。

恋愛・デート

遅れるという象意があり、デートの待ち合わせをするとどうしても遅刻しがちに！

＊＊＊

デートや待ち合わせは避けて

不毛、**悪化**という象意があり、この星が入った方位でデートをすると、最初から気まずい雰囲気になり、うまくいかなくなる傾向に。**遅れる**という象意もあり、待ち合わせ場所に遅刻してしまいがち。デートや待ち合わせは避けるのが無難かも。

この星の入った方位に行かない

凶方位にでかけると、自分の長所より短所が強く表れてしまい、失言も多くなりがち。この方位には行かないことが一番。

仕事・商談

大きな失敗やミスの暗示……。大切な取引や仕事の打ち合わせは避けるべし！

＊＊＊

進めてきたことが頓挫するかも

打ち合わせや商談も、この星が入った方位では避けたいもの。**壊す**という象意があり、ミスや失敗を招き、苦労して進めてきた話が頓挫することも。

立ち寄り法などで防ぐ

五黄土星が入った凶方位にどうしても行かなければならないときは、普段の何倍も言動に気をつけることが必要。さらに、あらかじめ凶意を防ぐために、第4章で紹介する方違《かたたが》え法や立ち寄り法を行うと効果的。

人間関係

訪問や友人との待ち合わせも避けて。失言で関係が気まずくなりやすい。

＊＊＊

よい関係に発展しにくい

人間関係においても、この星が入った方位ではなかなかよい関係を結ぶことができない傾向が。**悪化**、**破壊**、**支配**という象意があり、自分も相手もマイナス面が強く表れてしまう星回り。

謙虚な態度で相手と向き合う

強情、**強欲**という象意もある五黄土星。この星の凶意を防ぐためには自分の欠点が表れないように心がけて。できるだけ謙虚な態度を心がけて。素直な姿勢で相手と向き合うことが大切。

お金・買い物

金運、くじ運、買い物のすべてがわるい星回り、最後には大きな損失が！

＊＊＊

くじや買い物にもツキがない

金運、くじ運も凶方位では初めはよくても後がダメ。この星が入った方位の売り場では、くれぐれも宝くじなどは買わないこと。ギャンブルは要注意。買い物も避けて。**ゴミ**、**壊れたもの**、**腐敗**、**安いもの**という象意があり、お買い得品に見えても壊れていたり、腐っていたり、ニセモノをつかんでしまう傾向が。

スリに注意

泥棒という象意があるので、スリにも気をつけて。

六白金星《ろっぱくきんせい》

行き先：「天」「一流」に関連する象意が多い星。
行き先は格式のある場所へ。

キーポイント：六白金星が入った吉方位にでかけたら、
象意である高級なものに触れることで幸運が呼び込めます。

恋愛・デート

一流、高級の星であるこの星の吉方位では、ある程度の出費を覚悟すると幸運が舞い込む。

＊＊＊

《一流》の場所や老舗

デートの待ち合わせをするなら、格式のある**一流**ホテルのロビー、老舗の**フルーツ**パーラーやティールームで。

《高級》な店

フレンチ、イタリアン、料亭など、食事はできるだけ**高級**な店へ。ランチでもOK。幸運を呼び込むならケチケチせず、ある程度の出費を覚悟して。

《劇場》など

劇場にでかけて、**一流**の演劇や演奏に触れるのもおすすめ。

仕事・商談

高いなど、「トップ」を意味する象意が多く、千載一遇のビジネスチャンスが訪れるかも。

＊＊＊

《ビル》や《高台》の場所

高いにつながる象意が多いので、打ち合わせや商談場所は、高層**ビル**や**高台**にある場所で。

《博覧会》の会場

新規の取引や顧客を開拓するなら、企業**博覧会**や見本市、展示会のイベント会場へ。**経営者**、**社長**という象意があり、「トップ」の人物と出会うチャンス！

《市場》や《取引所》

市場や**取引所**の象意も。リサーチを兼ねて足を運ぶとラッキーな出来事が起こるかも。

人間関係

完全、充実という象意があり、将来的にもよい人間関係が築ける星回り。

＊＊＊

《時計》台のある場所

この星の入った方位で会った人とは、将来的によい関係を築ける星回り。**時計**台のある**ビル**、**劇場**前での待ち合わせも◎。

《包装菓子》がある店

老舗や**一流**店で手みやげを買うのが吉。**饅頭**など**何かに包まれたお菓子**、**果物**がおすすめ。

《天》と縁が深い場所

人間関係に悩んだら、**神社仏閣**、**教会**など、**天**と縁が深い場所へ。屋根に**鳳凰**が飾られたお寺などがあれば最高！

お金・買い物

宝くじ、賭け事にツキが回ってきやすく、一攫千金も期待できそうな星回り。

＊＊＊

《宝くじ》売り場

ズバリ**宝くじ**という象意があり一攫千金がねらえる可能性も。**ビル**の中の売り場がおすすめ。

《競馬場》や競輪場

賭け事という象意もあり、ギャンブルもツキが回ってきやすい星回り。**競馬場**、ボートレースや競輪場にでかけるのも◎。

《高級品》の店

買い物は、**貴金属店**、**時計店**など、**高級**品の店に掘り出しものが。衣類も、**高級**品を買うなら、この星の吉方位で。

七赤金星

しちせききんせい

行き先：「悦び」「歌う」など楽しい象意が多い星。
行き先はレジャー施設へ。

キーポイント：七赤金星が入った吉方位にでかけたら、
象意であるコーヒーを飲んだり、鶏肉料理を食べると幸運が呼び込めます。

恋愛・デート

恋愛、結婚という象意があり、デートに最適！ 特にレジャー施設、芸人のライブはおすすめ。

＊＊＊

《レジャー》施設

恋愛、**結婚**に縁が深く、この星が入った吉方位でデートをすると親密度がアップ。特に遊園地、アミューズメントパークなどの**レジャー**施設がイチ押し。

《芸人》《歌手》のライブなど

盛り上がるには、**芸人**、**歌手**、**タレント**などが登場するライブやイベントにでかけてみて。

《喫茶店》や休憩場

喫茶店に立ち寄るのが吉。**お汁粉**、**甘酒**がある休憩所、甘味処でも水分があればOK。

仕事・商談

口と縁が深く、交渉がまとまりやすい星回り。象意のコーヒー、鶏肉が幸運を引き寄せる。

＊＊＊

《コーヒー》が飲める場所

ホテルのラウンジ、**喫茶店**など、**コーヒー**を飲める場所で交渉すると話がよりスムーズに。

《講演会》の会場

口と縁が深い星なので、セミナーや**講演会**の会場にでかけてプロのスピーチを聴くのも◎。よいアイデアを思いつくかも。

《鶏肉》専門店で接待

接待は**鶏肉**専門店に行き、**焼き鳥**と**ビール**で乾杯。飲めない場合は、**ミネラルウォーター**か**サイダー**を頼んで。

人間関係

飲食店や歌える場所で会うのが吉！　ただし、はしゃぎすぎてハメを外さないように。

＊＊＊

鶏肉の料理がある《飲食店》

この星の入った吉方位では**飲食店**で人と会うと楽しいひとときに。**鶏肉**を使った料理や**スープ**が人気の店がおすすめ。

《口》に関連する場所

喋りのプロがいるイベントや**講演会場**、寄席などもOK。

《歌える》店

カラオケボックス、歌声喫茶など、大人数で**歌える**店に行くと吉。ただし、この星が入った吉方位では何かオチがつくことがあり、はしゃぎすぎに注意。

お金・買い物

お金という象意があり、金運に恵まれやすい！　金融セミナーや講演会にでかけてみても◎。

＊＊＊

《銀行員》のいる場所

お金に縁がある星。**銀行員**という象意も。宝くじを買うなら**銀行**に併設された売り場へ。

《金融》セミナーや講演会

金融業という象意があるので、保険、証券などの金融商品の見直しを。**金融**のプロが登壇するセミナーや**講演会の会場**にでかけて勉強してみては。

《出費》しすぎない場所

出費という象意も。買い物は**ミネラルウォーター**、**お酒**など、日用品を買う程度に抑えて。

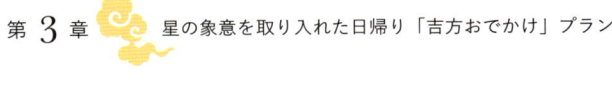

八白土星《はっぱくどせい》

行き先：「山」「蓄積」に関わる象意が多い星。
行き先は山や丘など見晴らしのよいスポットへ。

キーポイント：八白土星が入った吉方位にでかけたら、
象意である団子や筋子など、連なっているものを食べると幸運が呼び込めます。

恋愛・デート

山、丘など、見晴らしのよいところがイチ押し！ 高い塔がある寺院もラッキープレイス。

＊＊＊

《見晴らしのよい》場所

たとえば、**山**、**丘**など、できるだけ**見晴らしのよいところ**にでかけると、仲が深まる星回り。

《高い》塔がある場所

神社仏閣もおすすめ。**積み重ねたもの**も象意なので、三重の塔など、**高い**塔がある**寺院**ならなおOK。

《団子》が食べられる店

団子など連なっているものを食べると吉。散策している間に**休憩所**、甘味処があったら寄ってみて。

仕事・商談

復活の象意があり、最後にうまくまとまる星回り、できるだけ高い建物の高層階で商談を。

＊＊＊

《ホテル》の貸会議室

ホテル・旅館業者が幸運を運んでくる人物。仕事の打ち合わせや商談は、**ホテル**のラウンジや貸会議室で行うと◎。

できるだけ《高い》建物

復活という象意があり、最後に話がうまくまとまる星回り。**高い**建物の高層階での商談には、この星のパワーが後押しを！

《牛肉料理》が名物の店

接待には、**牛肉**料理の有名な店がイチ押し。牛肉ならひき肉や肉**団子**を使った料理もOK。

人間関係

話が盛り上がり長居をしがちな星回り。変化が象意で、人間関係を好転させたいときも◎。

＊＊＊

《長居》ができる店

この星が入った吉方位で人と会うと、話が盛り上がって長居しがちに。**座布団**や座敷席、掘りごたつがある民家風の店へ。

《倉庫》を改造した店

積み重ねたものという象意があり、**倉庫**を改造した店で会うのもおすすめ。

《開店》したばかりの店

変化という象意も。苦手な人と関係が好転しやすい星回り。**開店**、あるいは新装開店したばかりの店で会うのがイチ押し。

お金・買い物

お金に縁がある星で、宝くじ購入はおすすめ！　閉店間際の店も福が残っている可能性大。

＊＊＊

《金持ち》が誕生する場所

金持ちという象意があり、ギャンブルや宝くじ購入のチャンス。**駅員**がいる駅に近い売り場がねらい目。**連なるもの**が福を呼ぶので連番を考えてみても。

《閉店》間際の店

買い物は、**閉店**間際の店がねらい目。何事も迷いやすい方位だけれど、即決で買ってもOK。

《倉庫》のような大型家具店

机、**テーブル**、**椅子**などの家具店へ。**倉庫**のような大型店でお得な品が見つかる可能性大。

九紫火星《きゅうしかせい》

行き先：「芸術」「美」に関わる象意が多い星。
行き先は芸術鑑賞ができる場所へ。

キーポイント：九紫火星が入った吉方位にでかけたら、
象意である色彩が鮮やかで美しい料理を食べると幸運が呼び込めます。

恋愛・デート

知的でロマンティックなデートを！ 芸術家、美しいもの、輝くがキーワード。

＊＊＊

《芸術家》の作品に触れる場所

芸術に縁が深い星回り。**芸術家**の作品が鑑賞できる美術館や**博物館**、あるいは**劇場**などにでかけるのが吉。

《色彩の美しい料理》がある店

美しいものもキーワード。食事をするなら、フレンチ、イタリアン、懐石料理など、**色彩の美しい料理**が食べられる店へ。

《光》がキラキラ《輝く》場所

装飾的な**光**がキラキラと**輝く**ライトアップされた建物やイベントに行くのもおすすめ。

仕事・商談

仕事運をアップさせるためには、書画、装飾品、書籍がある場所へ。

＊＊＊

《書画》《装飾品》のある空間

高級ホテルのラウンジ、サロン風カフェなど、**書画**や**装飾品**のある空間で打ち合わせを。

《書籍》のある場所

この星が入った吉方位では**書籍**も鍵に。新しい企画のヒントや商売のアイデアを得るため、**図書館**や**書店**にでかけてみて。

《火》を使った料理の店

火はこの星の重要な象意のひとつ。接待なら、鍋料理、しゃぶしゃぶ、すき焼き、焼き肉など、**火**を使って食べる料理が吉。

人間関係

華やかなもの、色鮮やかなもののパワーが、人間関係をよりよくしてくれる星回り。

＊＊＊

《お酒》を優雅に飲める場所

人と会うなら**お酒**の飲める店が吉。大衆的な居酒屋ではなく、**ランプ**、**装飾品**など、優雅な品が飾られた高級サロンバーへ。

《美容業》がたくさん入る施設

待ち合わせは**美容院**、**化粧品売場**など、**美容業**の店が多い華やかな施設で。この星が持つパワーで相手への印象もアップ。

《カニ》などが食べられる店

カニ、**エビ**など、色鮮やかなものを一緒に食べると、親交がより深まる星回り。

お金・買い物

20代から30代の女性がキーワード、キラキラ輝くアクセサリーも吉を呼び込む！

＊＊＊

《20〜30代の女性》がいる場

大きな買い物をしたり、宝くじを買うなら、**20代から30代の女性**がいる売り場で。**交番**が近くにある売り場も吉。

キラキラ《アクセサリー》の店

キラキラと輝くパーツや石付きの**アクセサリー**が揃う店でお得な買い物をしたらラッキーチャームとして身につけてみて。

《画家》の作品がある店

画家が幸運を呼び込む鍵。インテリアショップで、**画家**のアートポスターを買うのも◎。

九星象意一覧

一白水星 | いっぱくすいせい 北30°

一白水星は「水の象」です。

水が山上から岩や草木の間を巡って下り、河と合流して大海にそそぐイメージです。

全般：**水や液体に関するもの、欠乏したもの、陰の部分**

＊イメージ
暗い、寒い、寂しい、思う、悩む、隠れる、欠乏、密会、恋愛、苦労、病気、養う、セックス、秘密、交際

＊人物
中年男性、知恵者、泥棒、悪人、病人、死者、ホステス、水に関係する商売や関係者

＊人体
腎臓、血液、陰部、肛門、脊髄、耳、汗

＊病気
腎臓病、アルコール依存症、痔、ノイローゼ、うつ病、婦人科系の病気

＊場所
水族館、プール、銭湯、温泉、居酒屋、バー、スナック、地下室、洞窟、滝、宴会場、葬儀場、ガソリンスタンド

＊職業
酒屋、水商売、クリーニング店、銭湯、バー、牛乳屋、漁師、水産物関係者

＊品物
石油、ガソリン、お酒類、インク、帯

＊食物
水、飲料水、ジュース類、牛乳、お酒、お吸い物、塩、塩辛、漬物、豆腐、海藻類、生魚、貝類、イモ類

＊動物
豚、馬、キツネ、ネズミ、おたまじゃくし、魚

＊植物
椿、梅、ひのき、水仙、福寿草、睡蓮、藤の花

＊天象
雨、雪、寒気、霜、豪雨、水害

＊味・色・数
しょっぱい味、透明度の高い白色、一と六

九星象意一覧

二黒土星 | じこくどせい 西南60°

二黒土星は「大地の象」です。

忍耐強く黙々と人々に貢献し、さまざまなものを養い育むことを意味します。

全般：勤勉、母のように忍耐強く育てる、努力、忍耐、大衆、甘いもの

＊イメージ
寛容、敬う、資本、慎む、育てる、静か、従順、堅実、働く、努力、勤勉、家庭、土地

＊人物
母、妻、保母、養母、老婆、庶民、大衆、家族、補佐役、労働者、農業・林業・牧畜業に関わる人

＊人体
胃、腸、血、腹

＊病気
胃腸病、腹膜炎、無気力症、糖尿病

＊場所
野原、平原、農村、空地、住宅地、田畑、墓地、温泉、大衆食堂、ファミリーレストラン

＊職業
病院、産科医、葬儀屋、雑貨屋、お菓子屋

＊品物
ズボン、座布団、畳、碁盤、将棋盤、チェス、オセロ、ボードゲーム

＊食物
麦、砂糖、大衆的なお菓子、ご飯もの、米、小豆、大豆、きび、あわ、そば（田畑から収穫するもの一切）

＊動物
牛、馬、羊、猿、アリ

＊植物
柿

＊天象
曇天、霜

＊味・色・数
甘味、黒、こげ茶色、五と十

九星象意一覧

三碧木星　さんぺきもくせい　東30°

三碧木星は「**雷の象**」です。

天地に大きな雷鳴をとどろかせ、地を振るわせて驚きをもたらします。

全般：音に関するもの、スピードの速いもの、驚くこと、騒がしい、酸っぱいもの

＊イメージ
音、音楽、講演、コンサート、銃声、テレビ、ラジオ、インターネット、口笛、お経、進む、進言、開業、新しく始める

＊人物
長男、皇太子、著名人、祭主、中年男性、歌手、ミュージシャン

＊人体
肝臓、足、喉、親指

＊病気
肝臓病、ヒステリー、神経痛、足の疾患、喉の疾患

＊場所
コンサート会場、音楽喫茶、セミナー会場、楽器店、電話局、家電店、レコーディングスタジオ、急行・特急列車

＊職業
音楽家、アナウンサー、歌手、レコード店、楽器店、電気屋、寿司職人、八百屋

＊品物
楽器、CDプレイヤー、電気製品、太鼓、火薬、ピストル、花火

＊食物
酢、酢の物、寿司、レモン、みかん、グレープフルーツ、梅干し、野菜類、海藻類

＊動物
馬、鷹、ツバメ、カナリヤ、ヒバリ、メジロ、鈴虫、松虫、セミ、キリギリス、カエル、ハチ、多足の虫

＊植物
野菜、海藻、花、竹

＊天象
晴れ、雷鳴、雷雨、地震

＊味・色・数
酸味、コバルトブルー、三と八

九星象意一覧

四緑木星 | しろくもくせい 東南60°

四緑木星は「風の象」です。

そこには旅、遠方、往来、長い、迷いといった意味も含まれます。

全般：結婚や取引などが整う、旅行する、長いもの一切

＊イメージ
整う、整理、縁談、結婚、旅行、遠方、連絡、通信、電話、信用、商売、長い、迷う、考え違い

＊人物
長女、中年女性、専業主婦、旅人、商人、仲介人、ヒゲのある人、大工

＊人体
腸、頭髪、股、神経、呼吸器、気管支、食道

＊病気
風邪、呼吸器疾患、食道疾患、神経症

＊場所
線路、道路、船着場、神社仏閣

＊職業
商人、運送業、そば屋、材木商、大工、家具屋、ツアーガイド

＊品物
電線、木材、手紙、はがき、扇風機、針金、綱、ひも、糸、ネックレス

＊食物
そば、うどん、ラーメンなどの麺類、ネギ、ニラ、ニンニク、三つ葉、穴子、うなぎ、どじょう、太刀魚

＊動物
ヘビ、ミミズ、キリン、牛、豚、鶏、蝶、ハチ

＊植物
草、朝顔、柳、へちま

＊天象
風、雲多いが雨降らず

＊味・色・数
酸味、緑、三と八

五黄土星《ごおうどせい》

五黄土星は「**帝王の象**」です。

支配者の星であり、ものが生み出され、死滅するのもこの星による作用です。

全般：支配、不毛、腐ったもの、壊れたもの、遅れる、闘争、荒野

＊イメージ
病気、腐敗、破壊、戦争、ゴミ、廃物、強情、強欲、死亡、死体、悪化、災害、葬式、崩壊、殺意、凶暴

＊人物
大統領、首相、帝王、独裁者、犯罪者、悪人、泥棒、死人

＊人体
五臓、脾臓

＊病気
脳溢血、心臓疾患、ガン、下痢、高熱を伴う病気

＊場所
廃跡、戦場、墓地、不毛の地

＊職業
高利貸し

＊品物
腐敗したもの、安いもの、壊れたもの、古いもの

＊食物
安物菓子、腐ったもの、味噌、納豆、粗末な食べ物

＊動物
猛獣すべて

＊植物
毒草類

＊天象
地震、津波

＊味・色・数
甘味、黄土色、五と十

九星象意一覧

六白金星 ろっぱくきんせい 西北60°

六白金星は「天の象」です。

天が万物を大きく包み込んでいる様子を意味します。

全般：**完全無欠、尊いもの、高級なもの、高いもの、一流のもの**

＊イメージ
天、充実、完全、高級、尊い、施す、喜ぶ、活動、争う、賭け事

＊人物
天皇、大統領、独裁者、首相、社長、一流人、長官、父、夫、経営者、軍人、資本家、上司

＊人体
顔、頭、首、肺、肋膜、骨

＊病気
頭痛、腫れる疾患、熱の出る病気、便秘、結核、肺疾患、骨折、血圧、大ケガ

＊場所
ビル、高台の場所、官庁、御殿、神社仏閣、教会、劇場、学校、博覧会、市場、取引所、競技場、競馬場

＊職業
官僚、軍人、貴金属商、時計屋

＊品物
宝石、貴金属、時計、電車、自動車、自転車、機械、手袋、靴下、マスク、帽子、傘、衣類、バッグ、スカーフ、宝くじ

＊食物
果実すべて、いなり寿司、巻き寿司、何かに包まれたお菓子、カレー、米、饅頭

＊動物
竜、馬、虎、ライオン、鶴、犬、イノシシ、鳳凰

＊植物
薬草、果実、秋に咲く花

＊天象
晴天、快晴

＊味・色・数
辛味、白金色（高級感のあるプラチナのような色）、四と九

七赤金星

しちせききんせい　西30°

七赤金星は「沢の象」です。

沢は水が集まってでき、水が集まればものが潤って成長し、悦びとなります。

全般：飲食、お金、レジャー、結婚に関するもの

＊イメージ
悦ぶ、歌う、金銭、恋愛、結婚、飲食中、レジャー、口論、出費

＊人物
少女、タレント、歌手、芸人、芸者、ウエイトレス

＊人体
口、肺、呼吸器、胸部、歯

＊病気
口内疾患、歯痛、胸部疾患

＊場所
喫茶店、飲食店、講演会場、沢、窪地、低地、ため池、水たまり、養鶏所、鶏肉店

＊職業
飲食業、金融業、銀行員、講演家、歌手、タレント

＊品物
なべ釜、バケツ、刃物、楽器、鈴

＊食物
鶏肉、スープ、親子丼、焼き鳥、コーヒー、牛乳、お酒、ビール、サイダー、お汁粉、甘酒、ミネラルウォーター

＊動物
虎、羊、豹、鶏

＊植物
月見草、なでしこ、女郎花、秋に咲く草花

＊天象
雨、天候が崩れていく

＊味・色・数
辛味、茜色、黄金色、四と九

九星象意一覧

八白土星

はっぱくどせい　東北60°

八白土星は「山の象」です。

山はたくさんのものが積み上がって蓄積され、高くなることを意味します。

全般：山や丘、土手、鼻など高い部分やもの、変化、接続部分、重なり合ったもの

＊イメージ
蓄財、停止、中止、相続、変化、交換、革命、高い、遅れる、迷う、開店、閉店、復活、再起、満期、不動産、親類

＊人物
未成年の男性、肥満した人、長身の人、強欲な人、金持ち、ホテル・旅館業者、相続人、登山家、不動産関係者

＊人体
鼻、関節、腰、背中、手、指

＊病気
腰痛、リュウマチ、神経痛、過労、関節炎

＊場所
旅館、ホテル、休憩所、倉庫、物置、土手、石垣、階段、墓地、行き止まりの家、神社仏閣、見晴らしのよいところ

＊職業
旅館業、ホテル業、不動産業、駅員、僧侶、菓子業

＊品物
積み重ねたもの、重箱、机、テーブル、椅子、座布団、チョッキ

＊食物
牛肉料理、さつま揚げ、団子、数の子、いくら、筋子（数多く寄り集まって連なっているもの）

＊動物
ネズミ、鹿、キリン、鶴、イノシシ、虎、竜、牛、犬

＊植物
木になっている果実、竹、山芋

＊天象
曇り空、気候の変わり目

＊味・色・数
甘味、象牙色、五と十

九紫火星 | きゅうしかせい 南30°

九紫火星は「火の象」です。

火には激しく、美しく、明るいという意味があります。

全般：火に関するもの、華やかなもの、美しいもの、明るいもの、熱いもの

＊イメージ
火、火災、光、輝く、明らかになる、発見、知性、名誉、美しい、装飾、離れる、離婚、離別、裁判、書類

＊人物
美人、有名人、学者、芸術家、眼科医、智者、警察官、二十代から三十代の女性、書店業者、消防署員

＊人体
精神、心臓、眼、耳、血液、乳房

＊病気
精神病、心臓病、火傷、頭痛、眼疾患、耳痛、乳ガン

＊場所
裁判所、交番、消防署、火事現場、噴火口、劇場、博物館、図書館、書店、宴会場、学校、化粧品売り場、美容院

＊職業
美容業、スタイリスト、ヘア＆メイクアップアーティスト、作家、画家、大学教授、占い師、裁判官、教員、ライター

＊品物
株券、手形、書画、書籍、装飾品、アクセサリー、電燈、ランプ、ローソク、メガネ、航空機、鍋釜

＊食物
海藻類、干物、馬肉、貝類、色彩の美しい料理、お酒、スイカ

＊動物
キジ、鳥、馬、カメ、カニ、エビ、貝類、金魚、熱帯魚

＊植物
紅葉、南天

＊天象
晴天、暑い、温かい、日中

＊味・色・数
苦味、赤紫色、二と七

第4章

行くと残念なことになる？ 凶方位を避けるための対策

どうしても凶方位にでかけなければならないときの
心強い対処法。
凶方位のマイナスパワーを防いでくれる
「方違え法」や「立ち寄り法」を紹介します。

凶方対策

基本的に凶方位にはでかけない

でかけたい場所が、その日、あなたにとって相性のわるい星が入った凶方位の場合もあるでしょう。

凶方位にでかけると「運がわるいな」と感じることが起きたり、自分の欠点が強調されて普段なら絶対しないような大失敗をします。わざわざでかけるメリットは、何ひとつありません。

「方違《かたたが》え法」で凶方位のマイナスパワーを防ぐ！

凶方位だとわかっていたらでかけないことが一番ですが、仕事などで、どうしても行かなくてはいけないときもあるでしょう。その場合は、**「方違え」法を実践してください。**

「方違え」法とは、日盤を使い、前夜に翌日行きたい方位が吉方位になる場所に移動して一泊することです。昔から方位学を熟知した人たちは、方違え法を使って、凶方位のマイナスパワーを防いできまし

た。前夜に移動して泊まる場所は、自分の住まいを起点にしたとき、吉方位に入る場所が一番ですが、ない場合は吉でも凶でもない普通方位に方違えをしてもＯＫ。ただし、**翌日は「方違えをした場所を起点に、でかけたい方位が吉方位にあたる場所」を選ぶことが重要です。**

方違えは、子《ね》の刻《こく》までに行う

東京を中心に日本列島を縦に半分に分けたとき、方違えをする場所が東京より東のエリアの場合は22時15分までに、東京より西のエリアの場合なら22時30分までに宿泊先の部屋に入ることもとても大切です。

方違えで日盤を使う際は、子の刻入りとなる23時前までに行います。つまり、翌日の日盤に変わる前に少し余裕をもって、宿泊先の部屋に22時15分、または22時30分までに入れば安心ということです。23時を過ぎてしまうと、すでに翌日の日盤に変わり始めてしまいますから、完璧な方違えにはなりません。方違えをしたつもりになっても、実質的に効果は弱くなってしまうので注意しましょう。

部屋に入ったら、その後は外出せず、その方位の「気」を体にしっかり定着させるために部屋でゆっくり過ごしましょう。すると、もとは凶方位だった翌日の目的地が吉方位に変わります。

凶方対策

東京・中目黒に住む人が方違えをすると……

東京・中目黒に住む人が、ある日、自宅から見て東北の方位にある東京駅で大事なイベントがあるとします。しかし、当日、イベント会場のある東北の方位は自宅から見ると凶方位で、吉方位は東……だとします。

その場合は、前夜のうちに、イベント会場が翌日の吉方位・東になるように方違えをしてしまいましょう。

たとえば、中目黒の自宅から、その人の星にとって相性のよい星が入る吉方位・北の方位にある代々木に、前夜の22時30分までに移動して宿泊をします。す

＊吉方位の北に22時30分までに移動して宿泊

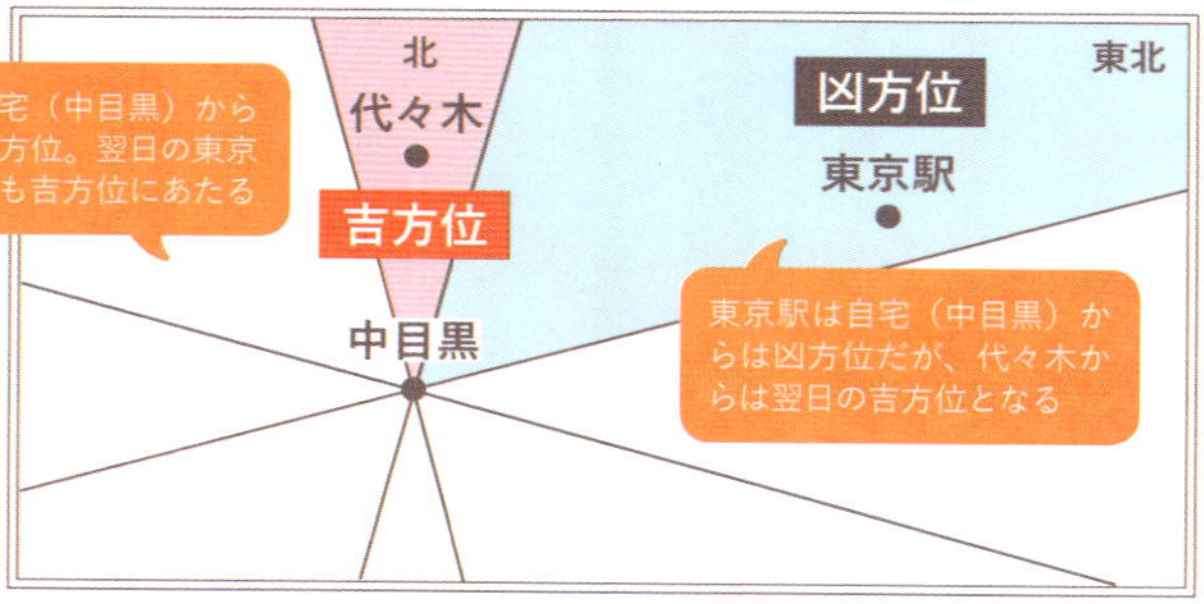
自宅（中目黒）から吉方位。翌日の東京駅も吉方位にあたる

＊翌日の目的地が宿泊先から見て吉方位になる

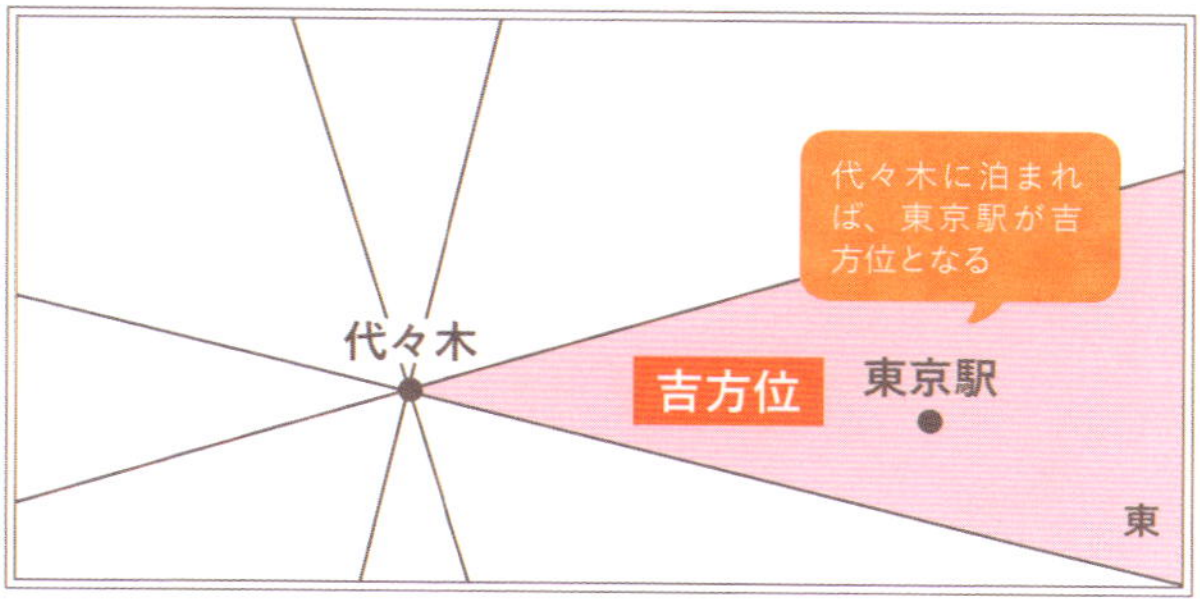

ると、翌日は代々木の宿泊先から見ると、東京駅にあるイベント会場は、吉方位・東に変わります！

方違えで滞在した時間分、吉方パワーに守られる

翌日は午前10時に代々木の宿泊先を出発して東京駅にあるイベント会場に向かうと、方違えした宿泊先には約12時間ほど滞在したことになります。

前夜に方違えをして宿泊先に滞在した時間だけ、翌日は日盤によるよい効果が表れます。出発した時間から約12時間は、方違えをした方位から見たときの吉方パワーに守られて幸運なことが起こります。

また、日盤のよい効果が一番強く表れるのは、宿泊した時間の半分ほどです。

この場合は約12時間なので、その半分というと約6時間。午前10時に出発してから16時までが最高の時間となります。

ここ一番の大切なイベントや仕事の大事な取引などがあるときは、その時間内に用事を済ませるように計画を立てれば、日盤の追い風効果がしっかりサポートしてくれます。ぜひ、覚えておいてください。

＊約12時間、方違え先に滞在

凶方対策

「方違え」の長期版、引っ越しの場合も紹介

前ページまでに紹介した方違えの方法を引っ越しという大事でも使うことができます。ただし、引っ越しは「吉方おでかけ」より方位のパワーを強く受けるので、方違えの方法も多少の手間がかかります。ここでは、ご参考までに、引っ越しの際の方違えについても、簡単に紹介しておきましょう。いわゆる、方違えの長期版です。

凶方位にいい物件が……！　そんなときは

たとえ大凶方位であっても、「最高の条件がそろった物件があり引っ越す」「結婚して嫁入りする」「社宅に入らなければならない」など、やむを得ない事情で引っ越さなければならない場合もあるでしょう。

本当は止めたいところですが、やむを得ない場合は仕方ありません。

苦肉の策として、2か月間、他の場所を仮宿として宿泊してから目的地に移る、という方違えの長期版を行います。

一度、大吉方位に引っ越して2か月、60日間以上寝泊まりし、そこに「気の根」を張ります。その仮宿から引っ越し先が大吉方位になるときに引っ越すのです。

「気の根」は60日間で最低限張れる

60日間で気の根を張るという根拠は、60日間で十干十二支が一巡りするためです。十干は10種、十二支は12種類あり、その組み合わせは60あります。60種は甲子《きのえね》で始まり、最後は癸亥《みずのとい》となります。

日本では60歳を迎えたときに還暦のお祝いをしますが、これは生まれてから60歳までに干支が一巡りして、これからは生まれたときと同じ年を迎えるという意味があります。

さらに、「毎日同じ部屋に泊まる」「22時30分までに部屋に帰る」というルールもあります。

これから引っ越すという前に、かなり大変な作業になってしまいますが、凶方位に出向いてでも、どうしてもそこで幸せになりたいのなら、これぐらいの苦労はしなくてはならないともいえます。

これで方位のパワーを得られるなら……と楽しみながら長期の方違えを実践していただければと思います。

凶方対策

必殺技の「立ち寄り法」

方違え法を行う時間や余裕があればいいのですが、ない場合は**必殺技の「立ち寄り法」を実践しましょう。**

東京・中目黒に住む人が、自宅から見て東南の方位にある品川で大切な打ち合わせがあるとします。しかし、日盤で東南の方位は、その日の凶方位にあたるとします……。その場合、その日の吉方位がもし東だったら、田町など東の方位にある場所を最終目的地に決めてください。

そして、打ち合わせをしている間は、「**あくまでこの品川にはただ立ち寄っただけ。最終目的地は吉方位である田町だ**」と自分のなかで**強く念じて、打ち合わせ場所を一時的な立ち寄り先にしてしまいましょう。**

打ち合わせ後は、最終目的地の吉方位である田町に向かい、どこかカフェやレストランなどの飲食店に入って必ずお茶か食事をしてくだ

さい。

この方法を使えば、品川で打ち合わせをしている間も、最終目的地の田町にいる間に発揮される吉方位のよいパワーが表れて、凶方位のマイナスパワーを防いでくれます。

天然塩を身につけて凶方位のマイナスパワーを防ぐ

どうしても凶方位にでかけなくてはいけないときは、天然塩を身につける方法もあります。

これは「塩」を持ってでかけるという方法です。塩は粗塩、天塩、岩塩など、精製されていない天然の塩であることが必須。

大さじ1杯ほどの精製されていない天然の塩をビニール袋に入れ、口をピチッととめて、スカートやパンツのポケット、あるいは胸の内ポケットに入れて、肌身離さず持つようにします。すると、邪気を浄化する塩の作用によって、凶方位のわるいパワーを跳ね返すことができます。

身につけた塩は、繰り返し使用することが可能です。しかし湿っていたら、それは邪気を吸収したということなので、交換しましょう。また、捨てる際には特別なことをする必要はありません。

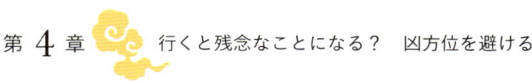

うっかり凶方位に行ってしまったときは、気にしないこと

その日、凶方位だと気づかずに、うっかりわるい方位にでかけてしまったとしても、それはもう過去のこととして、気にしないようにしましょう。

「吉方おでかけ」の場合、日盤の影響は一日だけなので、凶方位にいる間はツイていないことが起きるかもしれませんが、その影響があとあとまで続くわけではありません。

ただし、日盤の影響は一日だけといっても、そのパワーは強大です。**吉方位にでかければその人の実力が2割アップしますし、凶方位にでかければその人の実力が2割ダウンします。**

それを心に留めて、大切なイベントや仕事、ここ一番で実力を発揮したい試験などのときは、日盤のよいパワーの恩恵はどんどん享受し、わるいパワーは回避しましょう。

そんなふうに、方位のパワーを自分でコントロールして、自分にとっての心強い味方につけてください。

第5章

運気を確実にアップさせる「吉方旅行」でさらなる開運を目指す！

3泊4日、100キロ以上の移動で
運命が変わるほどの開運効果をもたらしてくれる「吉方旅行」。
本命星ごとの吉方・凶方早見表で
すぐに吉方位がわかります。

吉方旅行

「吉方旅行」で人生を変える
願いを叶える

毎日を楽しく過ごせる日帰りの「吉方おでかけ」で方位のパワーを体験したら、次は３泊４日１００キロ以上の移動で年単位での運命を変える「吉方旅行」も実践してみましょう。

日盤を使用して割り出したその日、その人にとって相性のよい星が入った吉方位に行く「吉方おでかけ」に対し、**年盤と月盤の両方を使用して割り出した、その時期、その人にとって相性のよい星が入った吉方位に旅行に行くのが「吉方旅行」**です。

吉方おでかけの効果を10とすると、吉方旅行は１００ほどの効果があります。

年盤と月盤の両方が「吉」となる相性のよい方位に長く滞在することで、その分、長年願い続けてきた「大きな願いを叶える」ことも可能です。

願いごとのジャンルは、恋愛、仕事、対人関係、お金、健康とオー

「吉方おでかけ」と「吉方旅行」

月盤・年盤を使用して割り出す	日盤を使用して割り出す
⇓	⇓
吉方旅行	吉方おでかけ
⇓	⇓
旅行後、大きな願いが叶う	その日、１日をハッピーに

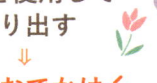

ルマイティー。しかもほぼ**1年以内に願いごとが叶うか、叶うチャンスがやってきます。**

たとえば、**それまでよい縁に恵まれなかったのに理想の相手に出会ったり、年収が2・5倍に増えたり、数年後に会社員から作家に転身したりと、開運効果をもたらすこともあります。**

人生に幸せを呼び込む「吉方旅行」パワー

１２９ページから吉方旅行用に、２０１８年11月から2年分の「本命星ごとの吉方・凶方早見表」を紹介しますので、自分の本命星にとって相性のよい吉方位を調べて、旅行に活用してください。

ちなみに「引っ越し」も年盤と月盤ともに「吉」となるよい方位へ引っ越すと、方位のパワーで運命を大きく変える効果がバツグンです。引っ越しの場合は、１００ｍの移転でも方位効果が表れます。

体験談1：吉方旅行に行き、40歳で結婚決まる！

39歳のM子さんは、23歳から39歳までの間に、１００回を超すお見合いをし、４つの結婚相談所に登録しながらも、結婚が決まりません

でした。

そこで、吉方位である東南60度の方向へ３泊４日の吉方旅行に出発。その時期の東南60度は、M子さんにとって吉方位である六白金星が入り、それも同会＋天道入りという3倍吉でした。

すると、すぐに２つ年上のいい人が現れて、あっさり結婚が決まりました。

１００回以上のお見合いでダメだった結婚が、吉方旅行でたちまち決まったということは、いかに大きな力（幸運の力）が働いたか、ということがわかります。

体験談２：吉方旅行後に、思いがけない入金

A子さんは、西北60度（2倍吉方位）の国内の吉方旅行へ。すると、旅行から帰って数か月後に銀行から、ある通知が来たそうです。それは、亡くなった祖母が積み立ててくれていた、A子さん名義の貯金の通知でした。その総額は４００万円。祖母が亡くなったのは7年前。その間にA子さんが、こんな連絡を受け取ったことは一度もありませんでした。

吉方旅行へでかけた時期の西北60度には、二黒土星が同会して入っていました。二黒土星は母親、老婆を意味し、母や祖母からの幸運が起きる方向です。

体験談3：仕事で大成功！ 年収が2・5倍に

B夫さんは今まで、旅行に行けば凶方位、出張すれば凶方位、引っ越しをすれば大凶方位と、凶方位ばかりに行っていました。

そこで、方位学アドバイスに従って西30度の吉方旅行へ。その年(月)の西方位は、B夫さん（八白土星）にとって年盤と月盤ともに大吉方位。すると、今まで最低だった営業成績がトップに！ そして年間トップ賞を手にしました。

その後もB夫さんは大吉方位へ旅行。すると、成績を評価され、20代の若さで、会社の管理職に抜擢されたのでした。方位学を取り入れたB夫さんの年収はなんと2・5倍に！

今回の幸運は、B夫さんに一番合った方位に旅行したことで、大繁栄につながったといえます。

吉方旅行は3泊4日、移動距離は１００キロ以上

「吉方旅行」ではその時期の吉方位に行くことはもちろんですが、**滞在期間は3泊4日以上、移動距離は１００キロ以上の旅をすることも大切なポイントです。**第4章までで紹介した「吉方おでかけ」とは少しルールが違うことを覚えておいてください。

移動距離と滞在期間が足りないと、効果は表れない？

この3泊4日以上、移動距離は１００キロ以上という「吉方旅行」のルールを知ると、以下のような疑問が出てくるでしょう。

「もし吉方位に3泊4日でかけても移動距離が１００キロにほんの少し欠けた95キロだったら？」

「移動距離が１００キロ以上でも1泊2日しかでかけなかったら？」

残念ながら、どちらのケースも3泊4日以上の吉方旅行にでかけたことになりません……。自分では吉方旅行にでかけたつもりでも、移

動距離や滞在期間が足りないとせっかくの「吉方旅行」の100%の吉方効果は表れませんので、くれぐれも注意してください。それなりの効果は出ますが、100%の吉方効果のすばらしさを体験していただきたいために、3泊4日、100キロ以上をルールとしています。

「吉方旅行」では、この3つのルールは重要。

- **その時期の吉方位にでかける（必ず自分にとっての吉方位に！）**
- **滞在期間は3泊4日以上（滞在期間が長いほど、効果アップ！）**
- **移動距離は100キロ以上（移動距離も遠いほど、効果アップ！）**

さらに、第4章90ページの「方違《かたたが》え法」の説明でも触れましたが、「**1泊目は必ず22時30分までに部屋に入ること**」も必ず守ってください。

方位学の暦では子《ね》の刻《こく》である23時前後で日付が変わります。せっかく3泊4日のスケジュールを組んで吉方旅行にでかけたのに、1泊目に22時30分までに部屋に入ることができなかったら、暦上では2泊3日の旅となり効果が半減してしまいます。1泊目は吉方位にあたる旅行先で、吉方位のよい「気」を体にしっかり吸着させるために、必ず22時30分までに宿泊先の部屋に入ってください。

旅行中は100キロ以上離れた同じ吉方位にあたるなら、宿泊場所は別の宿に変えてもOK。同じ吉方位のエリアなら、1泊ずつ宿を転々

としながら吉方旅行をしてもかまいません。

「吉方旅行」は一人でも、誰かとでかけてもOK

「吉方旅行」には一人ででかけても、誰かと一緒にでかけてもかまいません。ただし、一緒にでかける人がいるなら、その人にとっても、その方位が凶方位ではないことを確認しましょう。もちろん吉方位であることがベストですが、普通方位の場合に一緒にでかけても、その人にとってのマイナスパワーにはなりません。

また、吉方位であるその土地の「気」のよいパワーを体にしっかり定着させるために、**「旅行中は毎日お風呂か温泉に入ること」**も必要です。その土地から湧き出した温泉に浸かるのがベストですが、温泉がなければお風呂で湯船に浸かってください。**大切なのは、その土地の「気」を含んだ水に体を浸すことです。**

吉方旅行のあとは、正反対の方位には行かない

また、「吉方旅行」に行った同じ年盤の間（2月4日～翌2月3日の間）は、たとえば北30度なら南30度、東北60度なら西南60度と、**「正反対の吉方位には旅行しないこと」。正反対の方位に旅行にでかける**

吉方旅行のルール

- ＊ そのときの**吉方位**にでかける。
- ＊ 滞在期間は**3泊4日**以上。
- ＊ 移動距離は**100キロ**以上。
- ＊ 1泊目は必ず**22時30分まで**に部屋に入ること。
- ＊ 旅行中は毎日**お風呂か温泉**に入ること。

と、せっかくの吉方位効果が相殺されてしまいます。

どうしてもでかけなければいけない場合は、日帰りか1泊のみにとどめるようにしましょう。ただし、同じ年盤の期間内でも、北30度と西30度、東北60度と東30度のように、正反対の方位でなければ、吉方旅行にでかけてもOK。年盤と月盤の両方を使う「吉方旅行」においては、それぞれの吉方位のよい影響がいい具合にミックスされるので、正反対の方位でなければ、違う吉方にでかけるのはいい方法です。行きたい人は、吉方位へは、何度もでかけてください。

また、第2章の日盤を使って割り出す「吉方おでかけ」の場合は吉方位に入っている星の象意の影響が強く表れますが、年盤と月盤を使って割り出す**「吉方旅行」の場合は、「吉方位に入っている星の象意」と「行った方位の象意」の影響が半々に表れます。**少し難しいですが、このあたりは吉方位を割り出すための年盤、月盤、日盤の影響の違いで、「吉方おでかけ」と「吉方旅行」はルールが違うと考えてください。

ちなみに「吉方旅行」にでかければどの吉方位でも願いが叶いますが、「この願いを叶えてほしい！」と強く思っている場合は、「各方位ごとに願いを叶える得意ジャンル」があるので参考にしてください。

各方位ごとに願いを叶える得意ジャンル

恋愛・結婚

＊結婚したい
＊よい出会いがほしい

北

東南

西

＊お金持ち、ハイスペックな相手と出会って玉の輿に乗りたい

西北

人間関係

＊人間関係をよくしたい

東南

＊悪縁を断ち切りたい

南

＊家族関係をよくしたい

西南

仕事

＊キャリアアップしたい

西北

＊転職を成功させたい

東北

＊才能を開花させたい

南

＊商売を繁盛させたい

西

＊独立したい

東

金運

＊金運をアップさせたい
東北

東南

西

西北

＊いい不動産を持ちたい
東北

＊株で儲けたい
西北

2泊3日しか滞在できない場合は、弾丸旅行という手も

開運効果をわかりやすく数字で説明すると、**3泊4日で100%の効果が表れるのに対して、2泊3日なら30%くらい、1泊2日なら10%ほどの効果となります。**

「吉方旅行」は3泊4日、朝から晩まで一日中、吉方位にあたる目的地に滞在しようと思うとなかなかハードルが高くなりますが、**「とにかく吉方位にあたるエリアに3泊すればOK。1泊目は仕事が終わったあとに出発して、4日目の朝イチで会社へ直行する手もアリ」**。これなら、金曜の夜に出発して翌月曜の朝に帰宅するプランも可能です。

たとえば、東京に住んでいる人が、西南60度の吉方位である三重県伊勢市にある伊勢神宮に「吉方旅行」をするプランを立ててみましょう。

出発日の金曜の夜は、東京駅か品川駅から新幹線のぞみで出発し、夜22時30分までに100キロ以上離れた西南60度の静岡市の宿泊先にすべりこみセーフで1泊。そして、2日目の土曜日に静岡から伊勢神宮に移動して1泊。3日目の夜はまた静岡に戻って1泊。4日目は朝イチの新幹線で、会社へ直行。

東京 ⇒ 伊勢神宮プラン

1日目	2日目	3日目	4日目
⇓	⇓	⇓	⇓
20：30ごろ 東京発	静岡	伊勢神宮	7：00ごろ 静岡発
⇓	⇓	⇓	⇓
22：10ごろ 静岡着	伊勢神宮（そのまま宿泊）	静岡（そのまま宿泊）	8：30ごろ 東京着
⇓			⇓
22：30までに 宿泊先へ			出社

こんな強行プランでも3泊4日の「吉方旅行」をしたことになります。もちろん、吉方効果も１００％得ることができます。

北海道から「北」などの移動不可能な場合の方位のとり方

東京に住んでいると東30度は海しかありませんし、北海道に住んでいると北30度への国内旅行は不可能です。このように方位が限定される場所に住んでいる人は、永遠にその方位の吉方効果は得られないのか、というとそうではありません。その場合は、**定位盤を使った方位のとり方がありますので、安心してください。**

定位盤とは五黄が中宮に入った盤をさします。一白が北に入り、八白が東北に……と決まった位置に星が入っています。その定位盤の位置から、一白は北の星、八白は東北の星、ということになります。年盤も月盤も日盤も九星が巡りますが、定位盤の位置が定位置なのです。

たとえば、北が海で旅行が不可能な場合は、北の星である一白水星が、北以外の方位に入りかつ吉方位である人なら、一白の方位へ行きましょう。そうすることで、北の方位には行けないとしても、北の星である一白水星の方位へでかけることで北の方位の効果が得られます。

《定位盤》

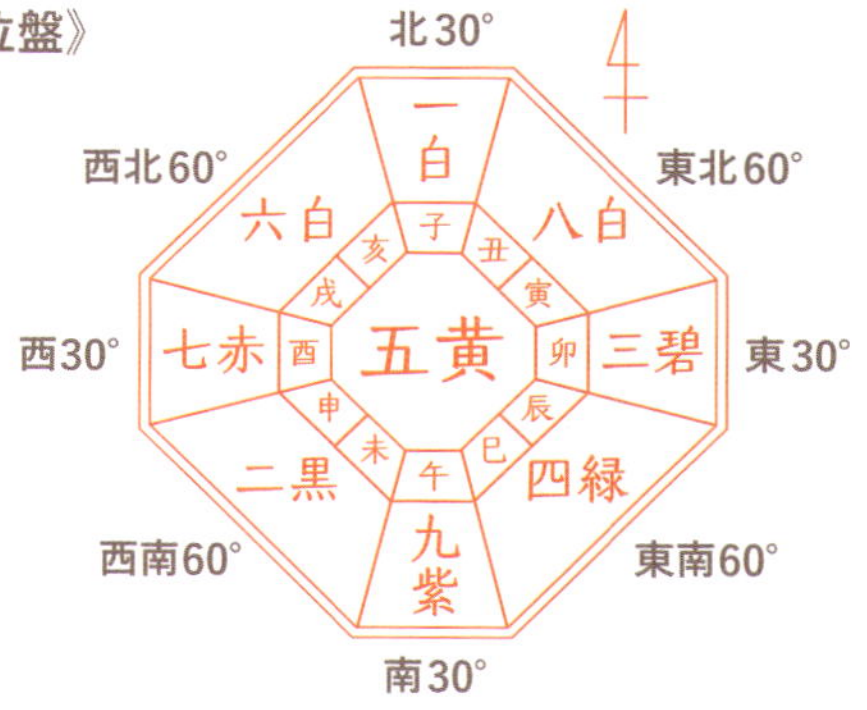

吉方旅行

吉方旅行の効果は、でかけた日から1年間続く

「吉方旅行」のよい効果は、吉方旅行にでかけた日から1年間続きます。特に、でかけた月を1か月目と数えて、4か月目、7か月目、10か月目に強く表れます。

たとえば、11月に吉方旅行にでかけたら、翌2月、5月、8月に、彼氏ができたり、結婚したり、仕事で成功したり、転職できたり、その人にとっての大きな願いが叶う開運期となります。

ちなみに、移動距離が国内よりも遠距離になる海外への吉方旅行もあります。国内と比べると吉方効果が表れる時期がややゆっくりになりますが、移動距離が長い分だけ、大きな吉方効果が期待できます。

たとえば、1年以内に「彼氏がほしい」「結婚したい」という願いなら１００キロ以上の国内での吉方旅行がよいのですが、**「起業したい」「独立して自分の店を持ちたい」などといった、長年の大きな夢や将来の大きな目標を叶えたいなら、海外旅行もおすすめです。**

なぜなら海外旅行は出発してから4年間ぐらいは効果が強い上、4年目、7年目、10年目にもよい効果が表れますのでじっくり夢を叶えることができます。

その場合、日本から飛行機で3〜4時間ぐらいで行ける比較的近場の韓国や台湾、グアムやサイパンなど３０００キロぐらいまでの旅行先は、国内旅行と同じ扱いでとらえます。それより遠距離の、アメリカやヨーロッパなどのように、移動距離が長くなれば吉方効果は大きくなります。東京を起点とした海外の方位は、１４２ページの世界地図を参考にしてみてください。

吉方効果は、「移動距離が長距離であればあるほど、滞在期間が長ければ長いほど、そのパワーは強大になる」と覚えておいてください。

「吉方旅行」は、必ず「自宅」から見て吉方位にでかける

「吉方旅行」にでかけるときに一番大切なことは、住まいから見た「よい方位」の測り方です。

「吉方おでかけ」の吉方位の場合は、自宅ではなく、前日滞在した場所から測りましたが、「吉方旅行」の吉方位の場合は前日どこに滞在していても、必ず現在寝泊まりしている「自宅」から測ります。

吉方旅行の裏ワザ

会社を休むことが難しい人は、吉方位のホテルに連泊して出勤するという方法もあります（その間、自宅に帰ってはダメ）。会社から30キロくらい離れているのがおすすめですが、10キロでも効果はあります。

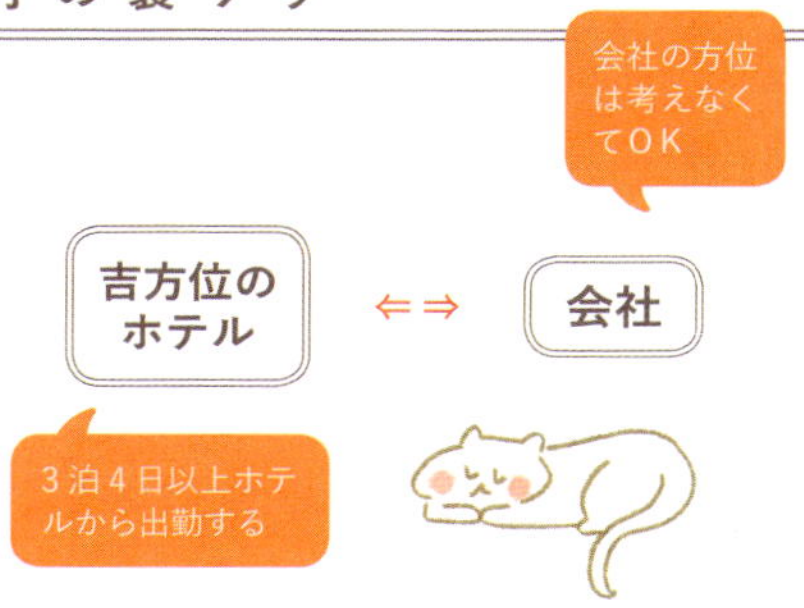
会社の方位は考えなくてOK
吉方位のホテル
⇐⇒
会社
3泊4日以上ホテルから出勤する

吉方旅行

年盤、月盤でも凶方位を避ける

「吉方旅行」にも、「凶」となる相性のわるい方位はあります。「吉方旅行」での凶方位は、まず第2章の42ページで紹介した「吉方おでかけ」の凶方位と共通する「五黄殺《ごおうさつ》」「暗剣殺《あんけんさつ》」「本命殺《ほんめいさつ》」「本命的殺《ほんめいてきさつ》」「定位《ていい》対冲《たいちゅう》」です。この5つの凶方位は必ず避けます。

年盤、月盤ではほかにも「凶」となるわるい方位がある

年盤、月盤を使用する「吉方旅行」の場合は、ほかにも「凶」となるわるい方位があります。年盤では「歳破《さいは》」、月盤では「月破《げっぱ》」も凶方位となります。

また、年盤のみに表れる「大歳《たいさい》」の場合は、吉方位も凶方位も3倍化します。年盤と月盤が同じ中宮で重なる「同会《どうかい》」の場合も、吉方位と凶方位のどちらの場合もその作用を2倍化して強くなる特別なケースです。

年盤・月盤での凶方位

▶ 歳破（さいは）

年盤において、その年の十二支が入った方位の正反対にある方位。その年を通じて、一白水星から九紫火星までのどの本命星の人にとっても「凶」となるわるい方位です。この「歳破」には、「この方位を犯すと何事も破れる」という意味があります。

▶ 月破（げっぱ）

月盤において、その月の十二支が入った方位の正反対にある方位。この「月破」には、「この方位を犯すと何事も破れる」という意味があります。その月を通じて、一白水星から九紫火星までのどの本命星の人にとっても「凶」となるわるい方位です。取引、縁談、約束事が破棄、解消となったりします。

▶ 方位の特別なケース

＊大歳（たいさい）……年盤のみにあり、その年の十二支が入った方位。つまり、「歳破」の正反対に位置します。この「大歳」が入った方位にでかけると、吉も凶も３倍（×３）にパワーアップします。つまり、凶方位は大大大凶方位、吉方位は大大大吉方位へと変化します。

＊天道（てんどう）……月盤のみにあり、吉方位ならより強い吉となり、凶方位ならその凶の作用がやわらぎます（ともに＋１に）。つまり、凶方位なら普通方位に、普通方位なら吉方位に、吉方位なら大吉方位に変化するのです。ただし、凶方位と凶方位が重なる大大凶方位だけは、この「天道」が入っても天道は１つの凶方位のパワーを抑えるのが精一杯で、やはり凶方位となります。

＊同会（どうかい）……年盤、月盤が同じ中宮（つまり、同じ星の盤ということ）で重なること。吉方位も凶方位もその作用が２倍（×２）となります。つまり、この「同会」する月は、その方位効果が吉方位なら２倍の大大吉方位に、凶方位なら２倍の大大凶方位に強化されます。

吉方旅行

「吉方旅行」の吉方位を割り出す

「吉方旅行」の吉方位の割り出し方は、基本は第４章までで紹介した「吉方おでかけ」と同じです。

ただ、「吉方おでかけ」では日盤のみを使いましたが、「吉方旅行」は年盤と月盤の両方を使い、年盤で吉方位を割り出したら、次は月盤で吉方位を割り出して、その両方が吉方位の場合を、吉方旅行のおすすめ方位とします。

また、日本の主要都市から見た方位地図と日本全図を１３８ページ以降に掲載していますので、目的地を選ぶときの参考にしてください。

「吉方旅行」の吉方位の割り出し方

「吉方旅行」をするためには、自分にとっての本命星を知ることから始め、年盤、月盤による吉方位を割り出していきます。凶方位による消去法で吉方位を割り出していく方法は「吉方おでかけ」と同様です

が、日盤にはない凶方位がある点に注意してください。順を追って説明していきます。

年盤と月盤による自分にとっての吉方位の割り出し方

1 自分の本命星を知る

32・33ページの「あなたの本命星がわかる早見表」で、自分の生まれ年から本命星を調べます。

ただし、方位学では一年の始まりが旧暦の2月4日になるため、立春（2月4日、赤い文字で示した閏年は5日）以前に生まれた人は前の年の星がその人の本命星となります。

例：平成2年（1990年）2月5日生まれの人は、本命星が「一白水星」となります。ちなみに平成3年（1991年）2月3日生まれの人は、本命星は九紫火星ではなく、前年の「一白水星」となります。

平成1（1989）	二黒土星	巳
2（1990）	一白水星	午
3（1991）	九紫火星	未
4（1992）	八白土星	申
5（1993）	七赤金星	酉
6（1994）	六白金星	戌

2 自分の本命星と相性のよい「兄弟星」と「隣星」を知る

36ページの「木・火・土・金・水」の五行の関係図で、自分の本命星が属する気と同じ気に属する「兄弟星」と、隣り合わせにある気に属する「隣星」が相性のよい星となります。

本命星が「一白水星」の人の吉方旅行における吉方位を調べていきます

例：本命星が一白水星の人は、同じ「水」の気に属する「兄弟星」はなし。「水」の隣り合わせにある「木」の気に属する三碧木星と四緑木星、「金」の気に属する六白金星と七赤金星の4つが「隣星」となります。

3 吉方旅行をしたい年の年盤の「中宮」と「十二支」を見る

148ページからの「年盤・月盤・日盤一覧表」から、吉方旅行をしたい年（すなわち、吉方位を割り出したい年）の年盤の「中宮」と「十二支」を調べます。

例：吉方旅行をしたい年が、2019年の場合、中宮に「八白土星」があり、十二支が「亥」の年となります。

4 ③の年盤に、自分の本命星と相性がよい兄弟星と隣星が入った方位を「吉方位候補」として○をつける

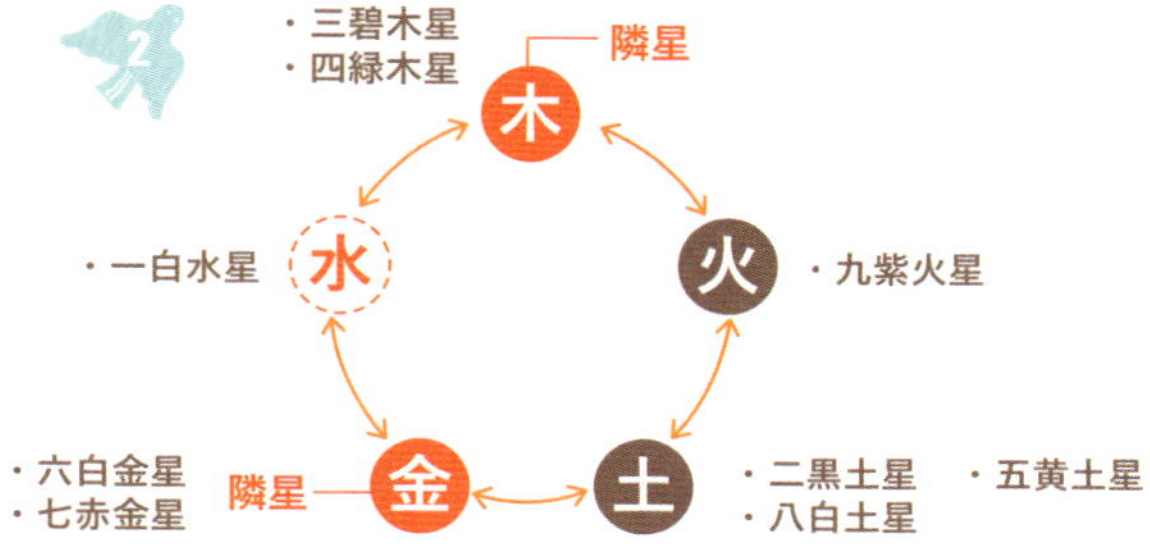

例：一白水星の人の場合は「三」「四」（「木」の気に属する隣星の三碧木星と四緑木星）、「六」「七」（「金」の気に属する隣星の六白金星と七赤金星）が入った方位を、吉方位候補として○をつけます。

5 凶方位を以下のAからFの順に割り出し、年盤に×をつけて消す

A：年盤で五（五黄土星）が入っている「五黄殺《ごおうさつ》」の方位（どの星にとっても五黄土星が入った方位は凶方位となります）

B：年盤で五黄殺の正反対に当たる「暗剣殺《あんけんさつ》」の方位

C：年盤で自分の本命星が入った「本命殺《ほんめいさつ》」の方位

D：年盤で自分の本命星が入った本命殺の正反対にある「本命的殺《ほんめいてきさつ》」の方位

E：年盤でその年の十二支が入った方位の正反対にある「歳破《さいは》」の方位（東南60度すべてが歳破として凶となります。111ページの定位盤か、126ページの「歳破早見表」で調べます）

F：年盤で一白水星が南30度、九紫火星が北30度にある「定位対冲《ていいたいちゅう》」の方位（いずれか1つでもないか確認します）

3 《2019年の年盤》

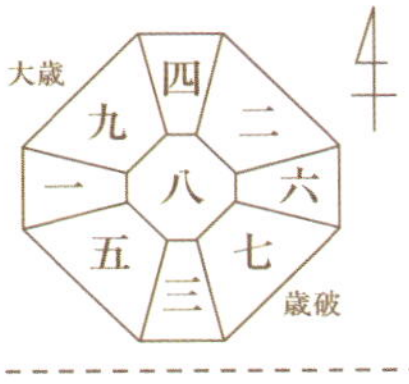

4 吉方位を割り出し○をつけ、凶方位を割り出し×をつけていく

5

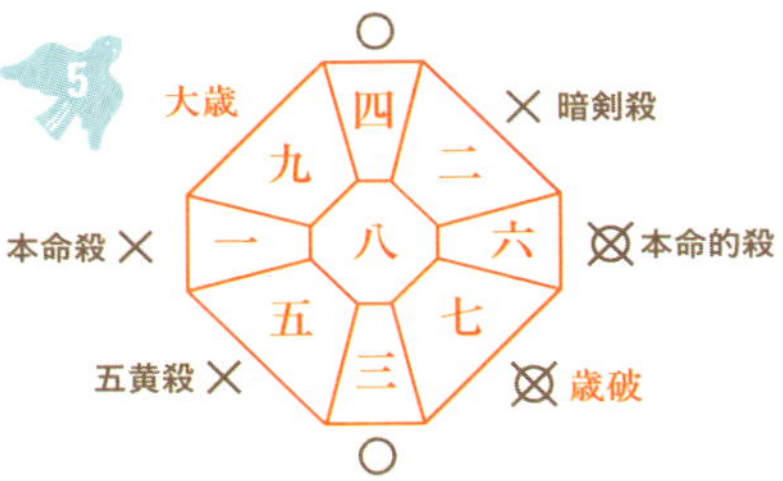

《2019年》

《亥年》八白土星 中宮

例：一白水星の人の2019年の年盤の場合

A：五黄殺。五（五黄土星）が入った方位が×

B：暗剣殺。五黄殺の正反対になる二（二黒土星）が入った方位が×

C：本命殺。自分の本命星の一（一白水星）が入った方位が×

D：本命的殺。自分の本命星の正反対に入っている六（六白金星）の方位が×

E：歳破。十二支「亥」が入った九（九紫火星）の方位の正反対にある七（七赤金星）が入った方位が×

F：「定位対沖」の方位にならないので×はつけない

6 年盤でその年の十二支が入った「大歳《たいさい》」の方位は、吉も凶もパワーが3倍（×3）になる

例：一白水星にとって、十二支「亥」が入った九（九紫火星）が入った方位には○も×もなし。なので、普通方位。

7 ⑤⑥の凶方位と重ならない④の吉方位候補が入った方位が、その年の吉方位となる

例：一白水星の人にとって、2019年の年盤の吉方位候補は、四（四緑木星）が入った北30度、三（三碧木星）が入った南30度になります。

定位盤で「亥」が入る位置を確認

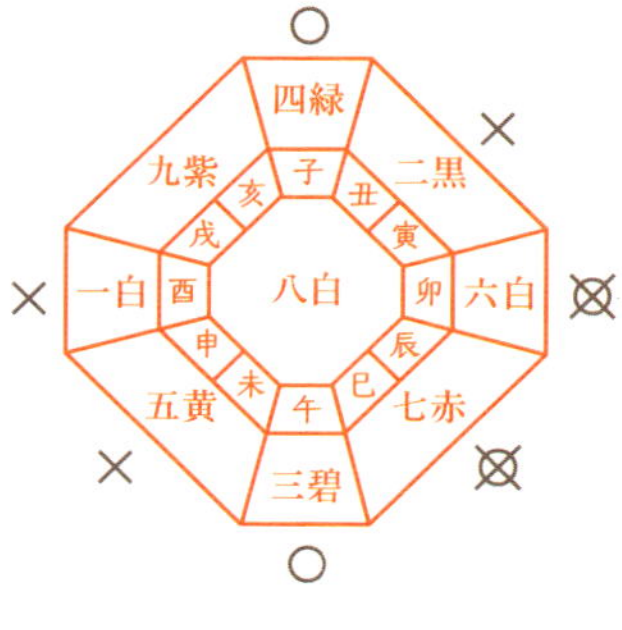

一白水星の人にとっての
2019年の年盤の吉方位候補

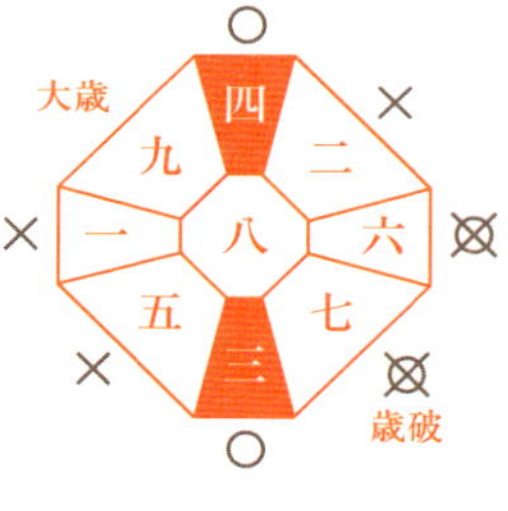

8　吉方旅行をしたい月の月盤の「中宮」と「十二支」を見る

「年盤・月盤・日盤一覧表」から、吉方旅行をしたい月（すなわち、吉方位を割り出したい月）の月盤の「中宮」と「十二支」を調べます。

例：吉方旅行をしたい年が、2019年2月の場合、中宮に「二黒土星」があり、十二支が「寅」の月となります。

※2月の旅行とは、（2月5日～3月5日）の期間に出発する旅行のことです。

9　⑧の月盤に、自分の本命星と相性がよい兄弟星と隣星が入った方位を「吉方位候補」として○をつける

例：一白水星の人は、「三」「四」（「木」の気に属する隣星の三碧木星と四緑木星）、「六」「七」（「金」の気に属する隣星の六白金星と七赤金星）が入った方位を、吉方位候補として○をつけます。

10　凶方位を以下のAからFの順に割り出し、月盤に×をつけて消す

A：月盤で五（五黄土星）が入っている「五黄殺《ごおうさつ》」の方位（どの星にとっても五黄土星が入った方位は凶方位となります）

B：月盤で五黄殺の正反対に当たる「暗剣殺《あんけんさつ》」の方位

C：月盤で自分の本命星が入った「本命殺《ほんめいさつ》」の方位

8

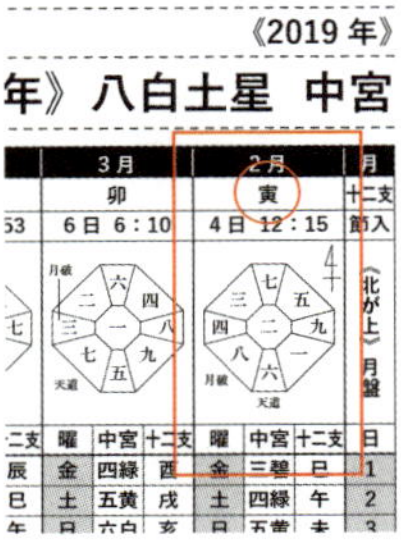

自分の本命星と相性のいい兄弟星と隣星が入っている方位に○をつける

9

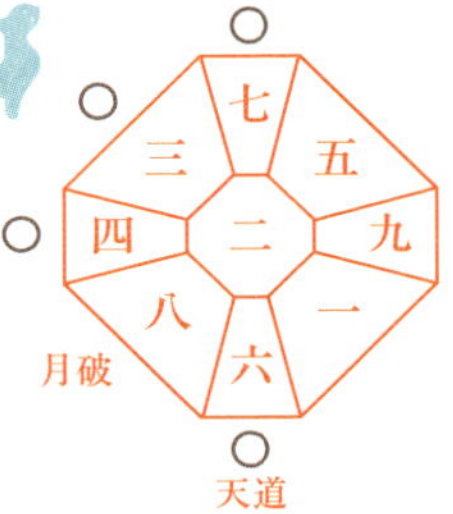

10

凶方位を割り出し
×をつけていく

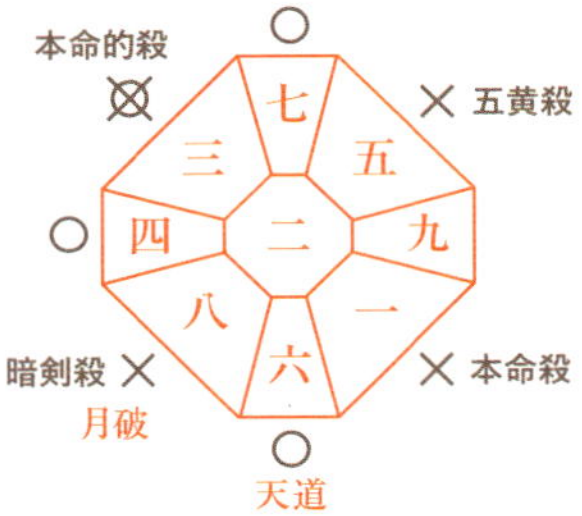

D：月盤で自分の本命星が入った本命殺の正反対にある「本命的殺《ほんめいてきさつ》」の方位

E：月盤でその月の十二支が入った方位の正反対にある「月破《げっぱ》」の方位（111ページの定位盤か、126ページの「月破早見表」で調べます）

F：月盤で一白水星が南30度、九紫火星が北30度にある「定位対冲《ていいたいちゅう》」の方位（いずれか1つでもないかを見ます）

例：一白水星の人の2019年2月の月盤の場合

A：五黄殺。五（五黄土星）が入った方位が×

B：暗剣殺。五黄殺の正反対になる八（八白土星）が入った方位が×

C：本命殺。自分の本命星の一（一白水星）が入った方位が×

D：本命的殺。自分の本命星の正反対に入っている三（三碧木星）の方位が×

E：月破。十二支「寅」が入った五（五黄土星）の方位の正反対にある八（八白土星）が入った方位が×

F：「定位対冲」の方位にならないので×はつけない

11 月盤の「天道《てんどう》」が入った方位は、吉方ならより強い吉（吉＋1）

凶方位を割り出し×をつけていく

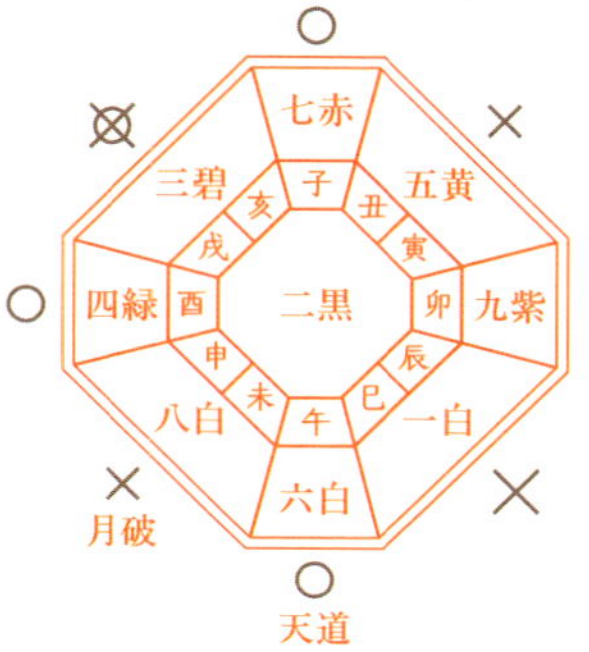

になり、凶方なら凶作用がやわらぐ（凶＋1）

各方位のパワーを数字にした場合、吉方位を＋1、凶方位を－1、普通方位を0、天道を＋1と考えます。

●天道が吉方の場合は、吉＋天道＝大吉方位⇩1＋1＝2

●天道が凶方の場合は、凶＋天道＝普通方位⇩－1＋1＝0（小凶くらいと考える）

●天道が普通方位の場合は、普通＋天道＝吉方位⇩0＋1＝1

※ただし、凶と凶が重なる大大凶方位だけは天道が入っても、凶×凶＋天道＝凶方位⇩－1×2＋1＝－1となります。

例：一白水星にとって、「天道」が入った六（六白金星）が入った方位は○がついているので、吉＋天道＝大吉方位→1＋1＝2の吉がより強い大吉方位となります。

12 ⑩の凶方位と重ならない⑨の吉方位候補が入った方位が、その月の吉方位となる

例：一白水星の人にとって、2019年2月の月盤の吉方位候補は、七（七赤金星）が入った北30度、四（四緑木星）が入った西30度、六（六白金星）が入った南30度はより強い吉候補になります。

11 天道が入っている方位を確認する

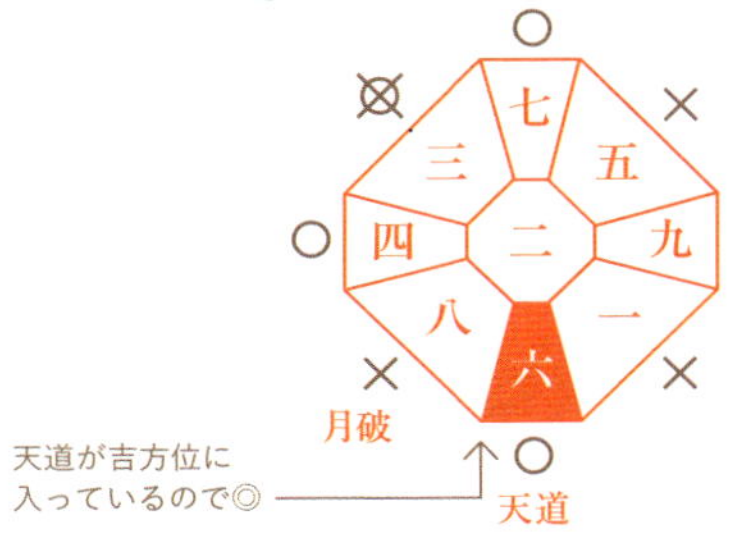

12 一白水星の人にとっての2019年2月の月盤の吉方位候補

13 年盤の⑦の吉方位候補と、月盤の⑫の吉方位候補を照らし合わせて重なったのが、吉方旅行での2019年2月の吉方位の○となる

年盤と月盤で重なった吉方位が以下の場合は、さらに強い大吉方位となります。

●年盤で「大歳《たいさい》」（吉も凶もパワーが×3になる）が入った方位であれば、1×3＝3倍吉の大吉方位

●月盤で「天道《てんどう》」（＋1でより強い吉となる）が入った方位であれば、1＋1＝2倍吉の大吉方位

●年盤、月盤が同じ星の配置の盤で重なる「同会《どうかい》」（吉も凶もパワーが×2になる）の場合は、1×2＝2倍吉の大吉方位

▼注1：ただし、年盤と月盤で吉方位と破れ（歳破、月破、日破）が入り「吉と凶が同居」した場合は、右記のような吉と凶のプラス、マイナスで相殺のゼロとはならず、凶方位と見ます。

▼注2：また、年盤と月盤で凶方位と凶方位が重なった場合は、強力な大大凶方位となります。そこに「天道」（＋1で凶をやわらげる）が入っても、天道は1つの凶意のパワーをゆるやかにするぐらいの作用しかありません。よって凶方位となります。

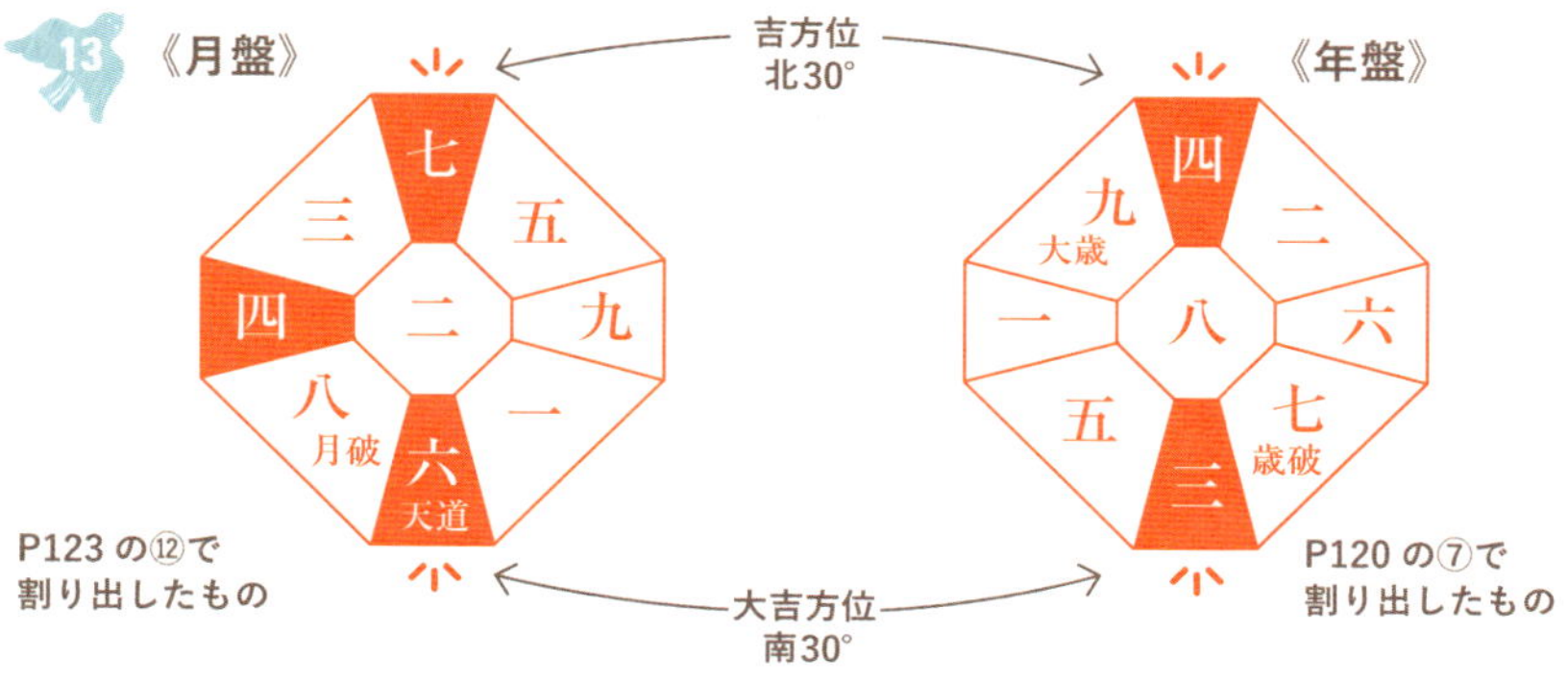

▼注3：ちなみに年盤と月盤で吉方位候補が重ならず吉方位とならなかった場合でも、年盤で普通＝無印で、月盤で吉方位の○＝小吉方位の△となり、また、年盤で吉方位の○で、月盤で普通方位の△＝小小吉方位の▲となります。

例：年盤の「四」が入った北30度と、月盤の「七」が入った北30度が吉で重なったため、北30度は吉方位になります。もうひとつ、年盤の「三」が入った南30度と、月盤の天道付きの強い吉の「六」が入った南30度が吉で重なったため、南30度は2倍吉の大吉方位になります。なお年盤、月盤は同じ星の配置の盤で重なっていないので同会とはなりません。一白水星の人が２０１９年２月に吉方旅行にでかけるなら、吉方位の北30度か2倍吉の南30度へ行きましょう。

14―⑬で割り出した吉方位を地図で正確に測る

例：自宅が東京・中目黒の場合、その地点を起点にして、吉方位の北30度か2倍吉の南30度を正確に測ります。この場合、目的地は中目黒の自宅の起点から１００キロ以上離れた場所を選びます。南30度は八丈島が３００キロ先にあり、北30度は２００～４００キロ離れた山形・鶴岡や酒田、秋田・男鹿半島がおすすめです。

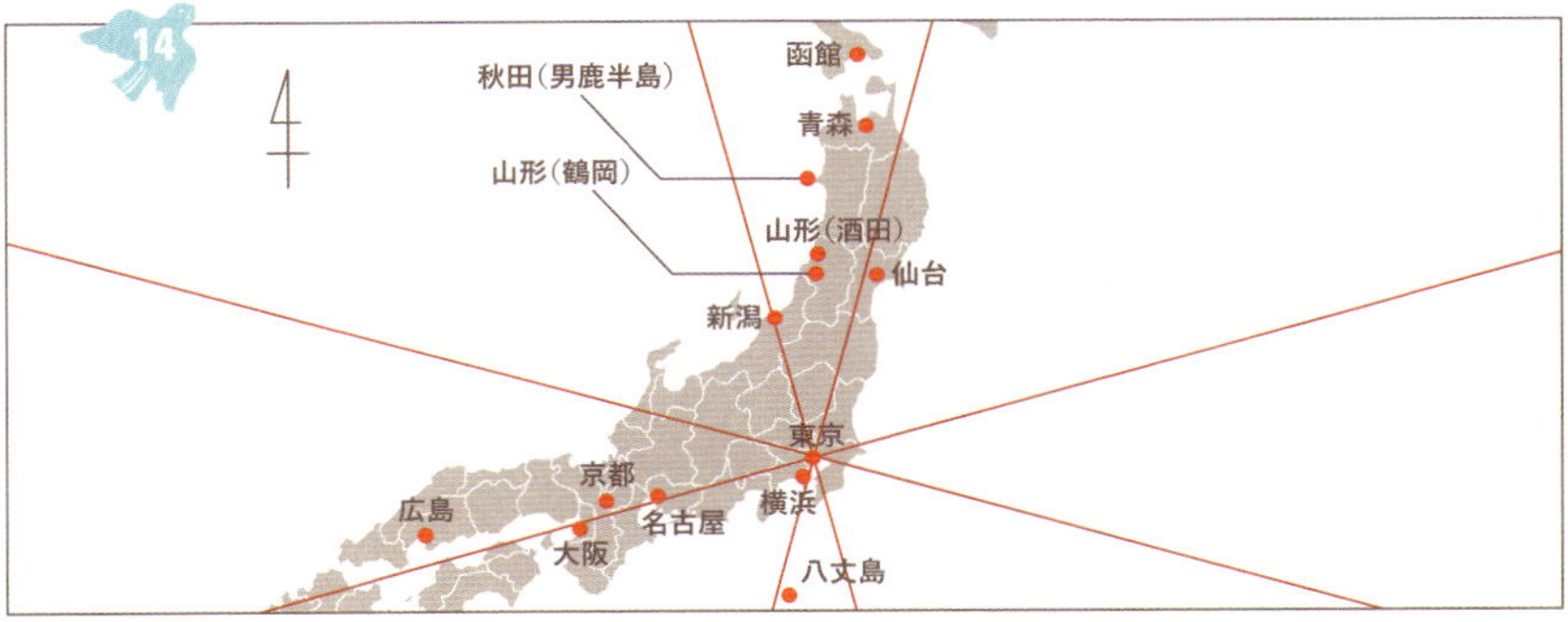

出発日は日盤の吉方位を選ぶ

また、吉方旅行にでかける際の出発日は、日盤でも吉方位、あるいは普通方位を選ぶと目的地にスムーズに着き、より快適な旅行ができます。もし出発日が日盤で凶方位だった場合は、電車に乗り遅れるなど多少トラブルが起こることがあります。

ただし、日盤の影響なので出発日の一日でマイナスパワーは消えます。２日目からは年盤と月盤のよい影響に切り替わりますので、心配しなくても大丈夫です。

年盤と月盤ともに吉方位で行く「吉方旅行」で得られる開運パワーには、まったく影響がありませんのでご安心ください（日盤の吉方位の割り出し方は第２章49～53ページ参照）。

吉方旅行のために年盤と月盤から吉方位を割り出す際に、「歳破」と「月破」の方位を調べるときは、下の「歳破早見表」と「月破早見表」を活用してください。

＊月破早見表

月	月破	月	月破
1月 丑	⇒ 西南	7月 未	⇒ 東北
2月 寅	⇒ 西南	8月 申	⇒ 東北
3月 卯	⇒ 西	9月 酉	⇒ 東
4月 辰	⇒ 西北	10月 戌	⇒ 東南
5月 巳	⇒ 西北	11月 亥	⇒ 東南
6月 午	⇒ 北	12月 子	⇒ 南

＊歳破早見表

十二支	日破	十二支	日破
子	⇒ 南	午	⇒ 北
丑	⇒ 西南	未	⇒ 東北
寅	⇒ 西南	申	⇒ 東北
卯	⇒ 西	酉	⇒ 東
辰	⇒ 西北	戌	⇒ 東南
巳	⇒ 西北	亥	⇒ 東南

吉方旅行

凶方位にでかけるときは、滞在を短くする

旅行をする場合、凶方位にはでかけないことが一番です。また、吉方旅行では、自宅から方位を測るので方違えを使うことはできません。ただ、どうしてもやむを得ない用事で凶方位にでかけなければいけないときは、日帰りか1泊にとどめましょう。そうすれば凶方位のマイナスパワーの影響をできるだけ抑えることができます。

間違って凶方位にでかけたら……

あるいは宿泊先だけ、凶方位ではない場所にして回避するのもよい方法です。もし東京から西にあたる名古屋に用事で向かわなければならないとき、西が凶方位だった場合は、西南が吉方位だったら、宿泊先だけ西南の方位にあたる三重県にずらすことは距離的にも可能でしょう。このケースの場合、もし三重県が吉方位ではなくても、凶方位ではない普通方位だったら宿泊してもＯＫです。

吉方位と間違えて、または仕方のない事情で凶方位へでかけてしまった場合は、**凶方位のマイナスパワーが強く表れますが、そのわるい影響を早く取り払うために、できるだけ早く「吉方旅行」に行くプランを立てましょう。**

吉方旅行は、いつどこへ行くという計画を立てたときから吉方効果が始まっています。移動距離も滞在日数も思いっきり長くとるほど、マイナスパワーを払拭する効果が大きくなります。

もちろん次回は、自宅を起点に確実に吉方位に入る目的地を選ぶことを忘れずに。吉方位のエリアでも境界線ギリギリにあたる場所は避け、できるだけ吉方位のど真ん中にあたる場所を選ぶと確実です。

また、方位の測り間違いがないように、48ページの「方位分度器」を使って吉方位を正確に測りましょう。

本命星ごとの「吉方・凶方早見表」の活用

「吉方旅行」に行くとき、その時期、その人の星にとって相性のよい吉方位が一目でわかる、本命星ごとの「吉方・凶方早見表」を次ページから2年分紹介します。自分の本命星さえわかれば、すぐに活用できます。

一白水星 ●一白水星の人の吉方・凶方早見表

【表の活用法】 ◎：大吉方 ○：吉方 △：小吉方 ▲：小小吉方 ×：凶方

大吉方位に3泊4日、100キロ以上の旅行をするのがおすすめです。

この表では吉方位をすべて紹介していますが、凶方位は省略しているので、空欄でも凶方位になることがあるので注意してください。

● 《2018年》

この期間内に自宅を出発する場合の吉凶		北 30°	東北 60°	東 30°	東南 60°	南 30°	西南 60°	西 30°	西北 60°	備考
11月	11/8～12/6	×		◎	×	×		△	×	東2倍の吉
12月	12/8～翌1/5	×			×	×		△	×	
翌1月	1/7～2/3	×	○		×	×			×	

● 《2019年》

この期間内に自宅を出発する場合の吉凶		北 30°	東北 60°	東 30°	東南 60°	南 30°	西南 60°	西 30°	西北 60°	備考
2月	2/5～3/5	○	×	×	×	◎	×	×		南2倍の吉
3月	3/7～4/4		×	×	×		×	×		
4月	4/6～5/5		×	×	×		×	×		
5月	5/7～6/5	◎	×	×	×	◎	×	×		北・南2倍の吉
6月	6/7～7/6		×	×	×		×	×	▲	
7月	7/8～8/7		×	×	×		×	×		
8月	8/9～9/7		×	×	×		×	×	△	
9月	9/9～10/7		×	×	×		×	×		
10月	10/9～11/7		×	×	×	◎	×	×	△	南2倍の吉
11月	11/9～12/6	○	×	×	×	○	×	×		
12月	12/8～翌1/5		×	×	×		×	×		
翌1月	1/7～2/3		×	×	×		×	×		

● 《2020年》

この期間内に自宅を出発する場合の吉凶		北 30°	東北 60°	東 30°	東南 60°	南 30°	西南 60°	西 30°	西北 60°	備考
2月	2/5～3/4	◎	×	×	○	×	×	×		北3倍の吉
3月	3/6～4/3	◎	×	×	◎	×	×	×		北5倍、東南2倍の吉
4月	4/5～5/4		×	×		×	×	×		
5月	5/6～6/4		×	×	○	×	×	×		
6月	6/6～7/6		×	×		×	×	×		
7月	7/8～8/6		×	×		×	×	×	△	
8月	8/8～9/6	◎	×	×		×	×	×		北4倍の吉
9月	9/8～10/7		×	×		×	×	×		
10月	10/9～11/6		×	×		×	×	×		
11月	11/8～12/6	◎	×	×		×	×	×		北3倍の吉
12月	12/8～翌1/4	◎	×	×	◎	×	×	×		北5倍、東南3倍の吉
翌1月	1/6～2/3		×	×		×	×	×		

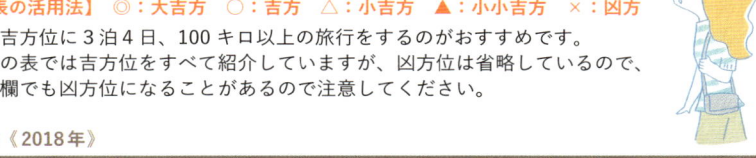

二黒土星

●二黒土星の人の吉方・凶方早見表

【表の活用法】 ◎：大吉方　○：吉方　△：小吉方　▲：小小吉方　×：凶方

大吉方位に3泊4日、100キロ以上の旅行をするのがおすすめです。

この表では吉方位をすべて紹介していますが、凶方位は省略しているので、空欄でも凶方位になることがあるので注意してください。

● 《2018年》

この期間内に自宅を出発する場合の吉凶		北 30°	東北 60°	東 30°	東南 60°	南 30°	西南 60°	西 30°	西北 60°	備考
11月	11/8～12/6	×		×	×	×		×	△	
12月	12/8～翌1/5	×	△	×	×	×		×		
翌1月	1/7～2/3	×	△	×	×	×		×		

● 《2019年》

この期間内に自宅を出発する場合の吉凶		北 30°	東北 60°	東 30°	東南 60°	南 30°	西南 60°	西 30°	西北 60°	備考
2月	2/5～3/5	△	×	○	×	○	×			
3月	3/7～4/4		×	○	×		×			
4月	4/6～5/5		×		×		×			
5月	5/7～6/5		×	◎	×		×	▲		東 2倍の吉
6月	6/7～7/6		×		×		×		◎	西北 4倍の吉
7月	7/8～8/7		×	△	×		×	△		
8月	8/9～9/7	▲	×		×	△	×	△	◎	西北 3倍の吉
9月	9/9～10/7		×		×	△	×			
10月	10/9～11/7	△	×		×	○	×			
11月	11/9～12/6	△	×	◎	×	△	×			東 2倍の吉
12月	12/8～翌1/5		×	○	×		×			
翌1月	1/7～2/3		×		×		×			

● 《2020年》

この期間内に自宅を出発する場合の吉凶		北 30°	東北 60°	東 30°	東南 60°	南 30°	西南 60°	西 30°	西北 60°	備考
2月	2/5～3/4	×		×	○	×		×	○	
3月	3/6～4/3	×		×	◎	×	▲	×	◎	東南・西北 2倍の吉
4月	4/5～5/4	×	△	×		×		×		
5月	5/6～6/4	×		×		×		×		
6月	6/6～7/6	×	△	×		×		×		
7月	7/8～8/6	×		×		×	△	×		
8月	8/8～9/6	×		×		×		×		
9月	9/8～10/7	×	▲	×		×	△	×		
10月	10/9～11/6	×		×		×	△	×		
11月	11/8～12/6	×		×		×		×	○	
12月	12/8～翌1/4	×		×	◎	×		×	◎	東南 3倍、西北 2倍の吉
翌1月	1/6～2/3	×	△	×		×		×		

三碧木星

●三碧木星の人の吉方・凶方早見表

【表の活用法】 ◎：大吉方 ○：吉方 △：小吉方 ▲：小小吉方 ×：凶方

大吉方位に３泊４日、100 キロ以上の旅行をするのがおすすめです。

この表では吉方位をすべて紹介していますが、凶方位は省略しているので、空欄でも凶方位になることがあるので注意してください。

●《2018年》

この期間内に自宅を出発する場合の吉凶		北 30°	東北 60°	東 30°	東南 60°	南 30°	西南 60°	西 30°	西北 60°	備考
11 月	11/8 ～ 12/6	×	×		×	×	×			
12 月	12/8 ～翌 1/5	×	×		×	×	×			
翌 1 月	1/7 ～ 2/3	×	×		×	×	×		◎	西北 3 倍の吉

●《2019年》

この期間内に自宅を出発する場合の吉凶		北 30°	東北 60°	東 30°	東南 60°	南 30°	西南 60°	西 30°	西北 60°	備考
2 月	2/5 ～ 3/5	×	×	△	×	×	×	○		
3 月	3/7 ～ 4/4	×	×		×	×	×			
4 月	4/6 ～ 5/5	×	×		×	×	×			
5 月	5/7 ～ 6/5	×	×		×	×	×	◎		西 3 倍の吉
6 月	6/7 ～ 7/6	×	×		×	×	×		△	
7 月	7/8 ～ 8/7	×	×	○	×	×	×			
8 月	8/9 ～ 9/7	×	×		×	×	×			
9 月	9/9 ～ 10/7	×	×		×	×	×			
10 月	10/9 ～ 11/7	×	×		×	×	×		◎	西北 3 倍の吉
11 月	11/9 ～ 12/6	×	×	○	×	×	×	○		
12 月	12/8 ～翌 1/5	×	×		×	×	×			
翌 1 月	1/7 ～ 2/3	×	×		×	×	×	△	◎	西北 3 倍の吉

●《2020年》

この期間内に自宅を出発する場合の吉凶		北 30°	東北 60°	東 30°	東南 60°	南 30°	西南 60°	西 30°	西北 60°	備考
2 月	2/5 ～ 3/4	×		×		×		×	△	
3 月	3/6 ～ 4/3	×	◎	×		×	◎	×		西南 3 倍、東北 2 倍の吉
4 月	4/5 ～ 5/4	×		×		×		×		
5 月	5/6 ～ 6/4	×		×	△	×		×		
6 月	6/6 ～ 7/6	×		×		×	○	×		
7 月	7/8 ～ 8/6	×		×		×	○	×	△	
8 月	8/8 ～ 9/6	×		×		×		×		
9 月	9/8 ～ 10/7	×	◎	×	△	×		×		東北 2 倍の吉
10 月	10/9 ～ 11/6	×		×		×		×	△	
11 月	11/8 ～ 12/6	×		×		×		×	△	
12 月	12/8 ～翌 1/4	×	◎	×		×	◎	×		東北・西南 2 倍の吉
翌 1 月	1/6 ～ 2/3	×		×		×		×		

四緑木星

●四緑木星の人の吉方・凶方早見表

【表の活用法】 ◎：大吉方　○：吉方　△：小吉方　▲：小小吉方　×：凶方

大吉方位に３泊４日、100 キロ以上の旅行をするのがおすすめです。
この表では吉方位をすべて紹介していますが、凶方位は省略しているので、
空欄でも凶方位になることがあるので注意してください。

● 《2018年》

この期間内に自宅を出発する場合の吉凶		北 30°	東北 60°	東 30°	東南 60°	南 30°	西南 60°	西 30°	西北 60°	備考
11月	11/8 ～ 12/6	×		○	×	×				
12月	12/8 ～翌 1/5	×			×	×	△			
翌1月	1/7 ～ 2/3	×			×	×				

● 《2019年》

この期間内に自宅を出発する場合の吉凶		北 30°	東北 60°	東 30°	東南 60°	南 30°	西南 60°	西 30°	西北 60°	備考
2月	2/5 ～ 3/5	×	×		×	×	×		◎	西北 3倍の吉
3月	3/7 ～ 4/4	×	×		×	×	×			
4月	4/6 ～ 5/5	×	×		×	×	×			
5月	5/7 ～ 6/5	×	×		×	×	×	◎		西 3倍の吉
6月	6/7 ～ 7/6	×	×		×	×	×		△	
7月	7/8 ～ 8/7	×	×		×	×	×			
8月	8/9 ～ 9/7	×	×	△	×	×	×			
9月	9/9 ～ 10/7	×	×		×	×	×			
10月	10/9 ～ 11/7	×	×		×	×	×			
11月	11/9 ～ 12/6	×	×		×	×	×		◎	西北 3倍の吉
12月	12/8 ～翌 1/5	×	×		×	×	×	○		
翌1月	1/7 ～ 2/3	×	×		×	×	×	△	◎	西北 3倍の吉

● 《2020年》

この期間内に自宅を出発する場合の吉凶		北 30°	東北 60°	東 30°	東南 60°	南 30°	西南 60°	西 30°	西北 60°	備考
2月	2/5 ～ 3/4		×	×		×	×	×	△	
3月	3/6 ～ 4/3	◎	×	×		×	×	×		北 5倍の吉
4月	4/5 ～ 5/4	△	×	×		×	×	×		
5月	5/6 ～ 6/4	◎	×	×		×	×	×		北 3倍の吉
6月	6/6 ～ 7/6		×	×		×	×	×		
7月	7/8 ～ 8/6		×	×		×	×	×		
8月	8/8 ～ 9/6	△	×	×	△	×	×	×	△	
9月	9/8 ～ 10/7		×	×	△	×	×	×		
10月	10/9 ～ 11/6		×	×		×	×	×	△	
11月	11/8 ～ 12/6		×	×		×	×	×	△	
12月	12/8 ～翌 1/4	◎	×	×	▲	×	×	×		北 5倍の吉
翌1月	1/6 ～ 2/3		×	×		×	×	×		

五黄土星

●五黄土星の人の吉方・凶方早見表

【表の活用法】　◎：大吉方　○：吉方　△：小吉方　▲：小小吉方　×：凶方

大吉方位に 3 泊 4 日、100 キロ以上の旅行をするのがおすすめです。
この表では吉方位をすべて紹介していますが、凶方位は省略しているので、空欄でも凶方位になることがあるので注意してください。

●《2018年》

この期間内に自宅を出発する場合の吉凶		北 30°	東北 60°	東 30°	東南 60°	南 30°	西南 60°	西 30°	西北 60°	備考
11 月	11/8 ～ 12/6	×	△	△	×	×	○	○	△	
12 月	12/8 ～翌 1/5	×	△	○	×	×		○		
翌 1 月	1/7 ～ 2/3	×	△		×	×				

●《2019年》

この期間内に自宅を出発する場合の吉凶		北 30°	東北 60°	東 30°	東南 60°	南 30°	西南 60°	西 30°	西北 60°	備考
2 月	2/5 ～ 3/5	△	×	○	×	○	×			
3 月	3/7 ～ 4/4		×	○	×		×		◎	西北 3 倍の吉
4 月	4/6 ～ 5/5		×	○	×		×	△		
5 月	5/7 ～ 6/5		×	◎	×		×	▲		東 2 倍の吉
6 月	6/7 ～ 7/6		×		×	△	×		◎	西北 4 倍の吉
7 月	7/8 ～ 8/7	△	×	△	×		×	△		
8 月	8/9 ～ 9/7	▲	×		×	△	×	△	◎	西北 3 倍の吉
9 月	9/9 ～ 10/7		×		×	△	×	△		
10 月	10/9 ～ 11/7	△	×		×	○	×			
11 月	11/9 ～ 12/6	△	×	◎	×	△	×			東 2 倍の吉
12 月	12/8 ～翌 1/5		×	○	×		×		◎	西北 3 倍の吉
翌 1 月	1/7 ～ 2/3		×	○	×		×	○		

●《2020年》

この期間内に自宅を出発する場合の吉凶		北 30°	東北 60°	東 30°	東南 60°	南 30°	西南 60°	西 30°	西北 60°	備考
2 月	2/5 ～ 3/4			×	○	×		×	○	
3 月	3/6 ～ 4/3			×	◎	×	▲	×	◎	東南 ・ 西北 2 倍の吉
4 月	4/5 ～ 5/4	○	△	×		×		×		
5 月	5/6 ～ 6/4		△	×		×	△	×		
6 月	6/6 ～ 7/6		△	×		×		×		
7 月	7/8 ～ 8/6	△		×	○	×	△	×		
8 月	8/8 ～ 9/6	○		×		×		×		
9 月	9/8 ～ 10/7		▲	×	○	×	△	×	○	
10 月	10/9 ～ 11/6			×		×	△	×		
11 月	11/8 ～ 12/6			×		×		×	○	
12 月	12/8 ～翌 1/4			×	◎	×		×	◎	東南 3 倍、西北 2 倍の吉
翌 1 月	1/6 ～ 2/3	△	△	×		×		×		

六白金星 ●六白金星の人の吉方・凶方早見表

【表の活用法】 ◎：大吉方 ○：吉方 △：小吉方 ▲：小小吉方 ×：凶方

大吉方位に3泊4日、100キロ以上の旅行をするのがおすすめです。

この表では吉方位をすべて紹介していますが、凶方位は省略しているので、空欄でも凶方位になることがあるので注意してください。

●《2018年》

この期間内に自宅を出発する場合の吉凶		北 30°	東北 60°	東 30°	東南 60°	南 30°	西南 60°	西 30°	西北 60°	備考
11月	11/8～12/6	×	×	△	×	×	×	○		
12月	12/8～翌1/5	×	×		×	×	×			
翌1月	1/7～2/3	×	×		×	×	×			

●《2019年》

この期間内に自宅を出発する場合の吉凶		北 30°	東北 60°	東 30°	東南 60°	南 30°	西南 60°	西 30°	西北 60°	備考
2月	2/5～3/5		×	×	×		×	×		
3月	3/7～4/4		×	×	×		×	×	△	
4月	4/6～5/5		×	×	×		×	×		
5月	5/7～6/5		×	×	×		×	×		
6月	6/7～7/6		×	×	×	△	×	×		
7月	7/8～8/7	△	×	×	×		×	×		
8月	8/9～9/7	○	×	×	×		×	×		
9月	9/9～10/7		×	×	×	△	×	×		
10月	10/9～11/7	△	×	×	×	○	×	×		
11月	11/9～12/6		×	×	×		×	×		
12月	12/8～翌1/5		×	×	×		×	×	△	
翌1月	1/7～2/3		×	×	×		×	×	△	

●《2020年》

この期間内に自宅を出発する場合の吉凶		北 30°	東北 60°	東 30°	東南 60°	南 30°	西南 60°	西 30°	西北 60°	備考
2月	2/5～3/4			×	×	×		×	×	
3月	3/6～4/3		◎	×	×	×	▲	×	×	東北 2倍の吉
4月	4/5～5/4	○		×	×	×		×	×	
5月	5/6～6/4	△	○	×	×	×	△	×	×	
6月	6/6～7/6		○	×	×	×	△	×	×	
7月	7/8～8/6	△		×	×	×		×	×	
8月	8/8～9/6			×	×	×		×	×	
9月	9/8～10/7		△	×	×	×	△	×	×	
10月	10/9～11/6			×	×	×		×	×	
11月	11/8～12/6			×	×	×		×	×	
12月	12/8～翌1/4		◎	×	×	×		×	×	東北 2倍の吉
翌1月	1/6～2/3	△		×	×	×		×	×	

七赤金星 ●七赤金星の人の吉方・凶方早見表

【表の活用法】 ◎：大吉方　○：吉方　△：小吉方　▲：小小吉方　×：凶方

大吉方位に３泊４日、100 キロ以上の旅行をするのがおすすめです。

この表では吉方位をすべて紹介していますが、凶方位は省略しているので、空欄でも凶方位になることがあるので注意してください。

● 《2018年》

この期間内に自宅を出発する場合の吉凶		北 30°	東北 60°	東 30°	東南 60°	南 30°	西南 60°	西 30°	西北 60°	備考
11 月	11/8 ～ 12/6	×	△	×	×	×	○	×	◎	西北 3 倍の吉
12 月	12/8 ～翌 1/5	×		×	×	×		×		
翌 1 月	1/7 ～ 2/3	×	△	×	×	×		×		

● 《2019年》

この期間内に自宅を出発する場合の吉凶		北 30°	東北 60°	東 30°	東南 60°	南 30°	西南 60°	西 30°	西北 60°	備考
2 月	2/5 ～ 3/5		×		×		×		×	
3 月	3/7 ～ 4/4		×	○	×		×		×	
4 月	4/6 ～ 5/5		×		×		×		×	
5 月	5/7 ～ 6/5		×	◎	×		×	◎	×	西 3 倍、東 2 倍の吉
6 月	6/7 ～ 7/6		×		×	△	×		×	
7 月	7/8 ～ 8/7	△	×	△	×		×	○	×	
8 月	8/9 ～ 9/7	○	×		×		×		×	
9 月	9/9 ～ 10/7		×		×	△	×	○	×	
10 月	10/9 ～ 11/7		×		×		×		×	
11 月	11/9 ～ 12/6		×	△	×		×		×	
12 月	12/8 ～翌 1/5		×	○	×		×		×	
翌 1 月	1/7 ～ 2/3		×		×		×		×	

● 《2020年》

この期間内に自宅を出発する場合の吉凶		北 30°	東北 60°	東 30°	東南 60°	南 30°	西南 60°	西 30°	西北 60°	備考
2 月	2/5 ～ 3/4			×		×		×		
3 月	3/6 ～ 4/3		◎	×	◎	×	▲	×	◎	東北・東南・西北 2 倍の吉
4 月	4/5 ～ 5/4	○		×		×		×		
5 月	5/6 ～ 6/4	△	○	×		×	△	×		
6 月	6/6 ～ 7/6			×		×		×		
7 月	7/8 ～ 8/6			×	○	×		×		
8 月	8/8 ～ 9/6			×	○	×		×		
9 月	9/8 ～ 10/7			×		×		×	○	
10 月	10/9 ～ 11/6			×		×	△	×	○	
11 月	11/8 ～ 12/6			×		×		×		
12 月	12/8 ～翌 1/4		◎	×	◎	×		×	◎	東南 3 倍、東北・西北 2 倍の吉
翌 1 月	1/6 ～ 2/3	△		×		×		×		

八白土星 ●八白土星の人の吉方・凶方早見表

【表の活用法】 ◎：大吉方　○：吉方　△：小吉方　▲：小小吉方　×：凶方

大吉方位に３泊４日、100 キロ以上の旅行をするのがおすすめです。

この表では吉方位をすべて紹介していますが、凶方位は省略しているので、空欄でも凶方位になることがあるので注意してください。

●《2018年》

この期間内に自宅を出発する場合の吉凶		北 30°	東北 60°	東 30°	東南 60°	南 30°	西南 60°	西 30°	西北 60°	備考
11月	11/8～12/6	×		△	×	×		○	×	
12月	12/8～翌1/5	×	△	○	×	×		○	×	
翌1月	1/7～2/3	×	△		×	×			×	

●《2019年》

この期間内に自宅を出発する場合の吉凶		北 30°	東北 60°	東 30°	東南 60°	南 30°	西南 60°	西 30°	西北 60°	備考
2月	2/5～3/5	△	×	○	×	○	×			
3月	3/7～4/4		×		×		×		◎	西北 3倍の吉
4月	4/6～5/5		×	○	×		×	△		
5月	5/7～6/5		×	◎	×		×	▲		東 2倍の吉
6月	6/7～7/6		×		×	△	×			
7月	7/8～8/7	△	×		×		×			
8月	8/9～9/7	▲	×		×	△	×	△	◎	西北 3倍の吉
9月	9/9～10/7		×		×		×	△		
10月	10/9～11/7		×		×		×			
11月	11/9～12/6	△	×	◎	×	△	×			東 2倍の吉
12月	12/8～翌1/5		×		×		×		◎	西北 3倍の吉
翌1月	1/7～2/3		×	○	×		×	○		

●《2020年》

この期間内に自宅を出発する場合の吉凶		北 30°	東北 60°	東 30°	東南 60°	南 30°	西南 60°	西 30°	西北 60°	備考
2月	2/5～3/4			×	×	×		×	×	
3月	3/6～4/3			×	×	×	▲	×	×	
4月	4/5～5/4	○	△	×	×	×		×	×	
5月	5/6～6/4			×	×	×		×	×	
6月	6/6～7/6		△	×	×	×		×	×	
7月	7/8～8/6			×	×	×	△	×	×	
8月	8/8～9/6	○		×	×	×		×	×	
9月	9/8～10/7		▲	×	×	×	△	×	×	
10月	10/9～11/6			×	×	×	△	×	×	
11月	11/8～12/6			×	×	×		×	×	
12月	12/8～翌1/4			×	×	×		×	×	
翌1月	1/6～2/3	△	△	×	×	×		×	×	

九紫火星 ●九紫火星の人の吉方・凶方早見表

【表の活用法】 ◎：大吉方　○：吉方　△：小吉方　▲：小小吉方　×：凶方

大吉方位に3泊4日、100キロ以上の旅行をするのがおすすめです。

この表では吉方位をすべて紹介していますが、凶方位は省略しているので、空欄でも凶方位になることがあるので注意してください。

●《2018年》

この期間内に自宅を出発する場合の吉凶		北 30°	東北 60°	東 30°	東南 60°	南 30°	西南 60°	西 30°	西北 60°	備考
11月	11/8～12/6	×	○	○	×	×	△			
12月	12/8～翌1/5	×		△	×	×				
翌1月	1/7～2/3	×			×	×			△	

●《2019年》

この期間内に自宅を出発する場合の吉凶		北 30°	東北 60°	東 30°	東南 60°	南 30°	西南 60°	西 30°	西北 60°	備考
2月	2/5～3/5		×		×	△	×		×	
3月	3/7～4/4		×	△	×		×		×	
4月	4/6～5/5		×		×		×	△	×	
5月	5/7～6/5	◎	×		×	◎	×	△	×	北・南 2倍の吉
6月	6/7～7/6		×		×	○	×		×	
7月	7/8～8/7	○	×	○	×		×	△	×	
8月	8/9～9/7		×	△	×		×		×	
9月	9/9～10/7		×		×		×		×	
10月	10/9～11/7	○	×		×	△	×		×	
11月	11/9～12/6		×		×		×		×	
12月	12/8～翌1/5		×	△	×		×	△	×	
翌1月	1/7～2/3		×		×		×	○	×	

●《2020年》

この期間内に自宅を出発する場合の吉凶		北 30°	東北 60°	東 30°	東南 60°	南 30°	西南 60°	西 30°	西北 60°	備考
2月	2/5～3/4	◎		×		×		×		北 3倍の吉
3月	3/6～4/3	◎		×		×	◎	×	◎	北 5倍、西南 3倍、西北 2倍の吉
4月	4/5～5/4	◎		×		×		×		北 4倍の吉
5月	5/6～6/4		△	×	△	×	○	×		
6月	6/6～7/6			×		×		×		
7月	7/8～8/6	◎		×	△	×		×	○	北 3倍の吉
8月	8/8～9/6	△		×		×		×	○	
9月	9/8～10/7		○	×		×		×		
10月	10/9～11/6		△	×		×		×		
11月	11/8～12/6	◎		×		×		×		北 3倍の吉
12月	12/8～翌1/4	◎		×	▲	×	◎	×	◎	北 5倍、西南・西北 2倍の吉
翌1月	1/6～2/3	◎		×		×		×		北 3倍の吉

主要都市の方位地図

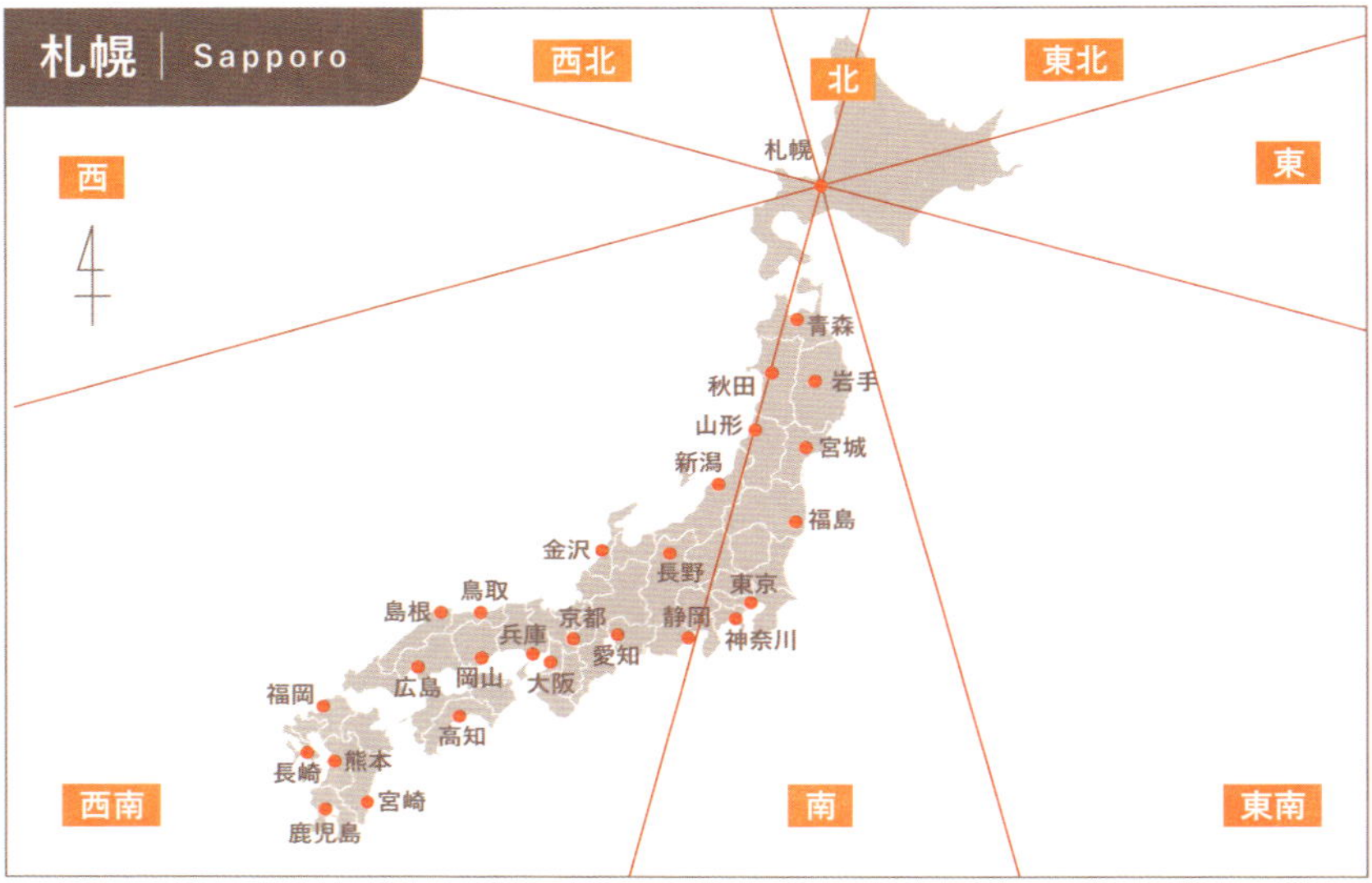

沖縄は西南の方向にあります

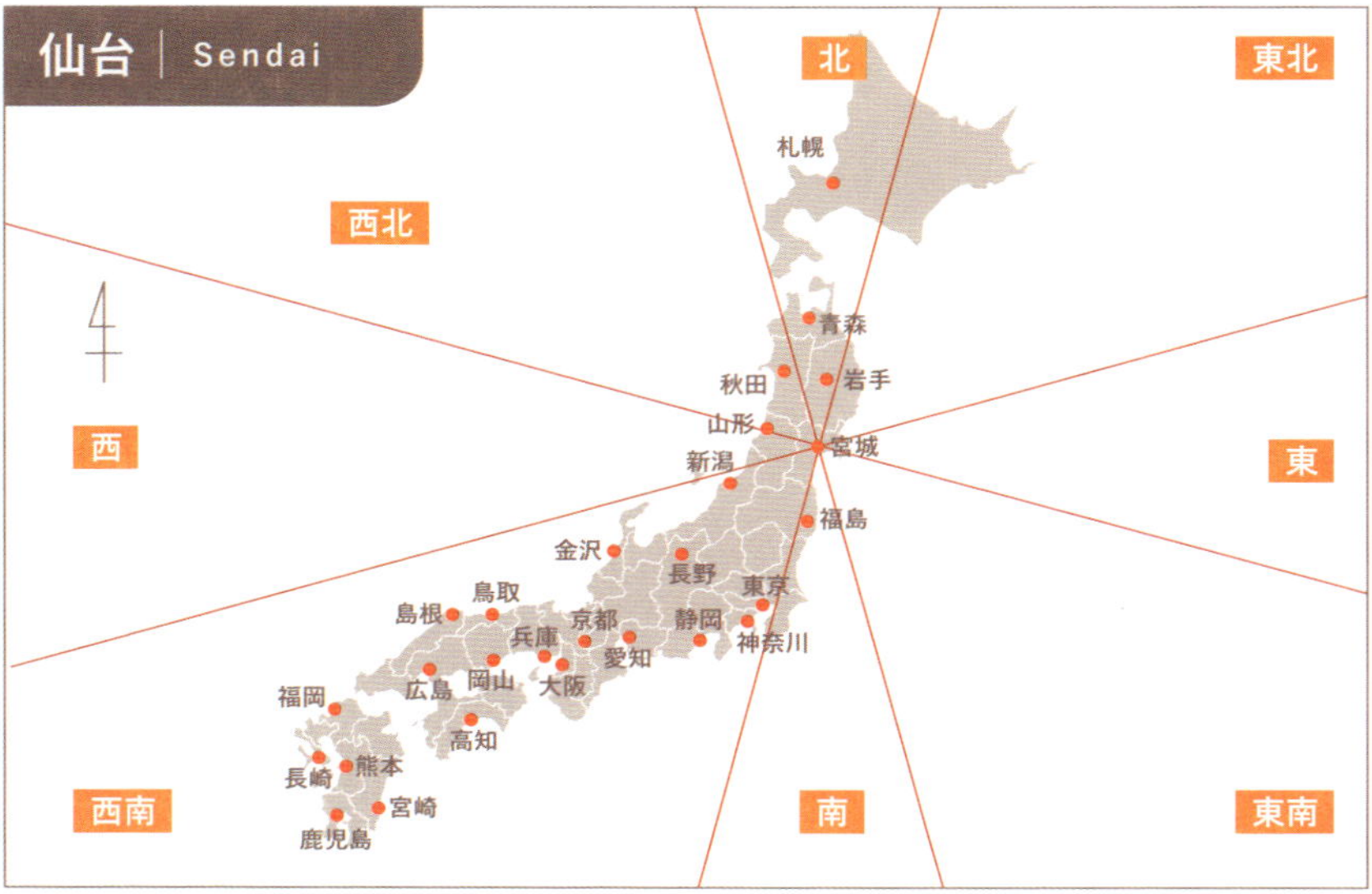

沖縄は西南の方向にあります

東京 | Tokyo

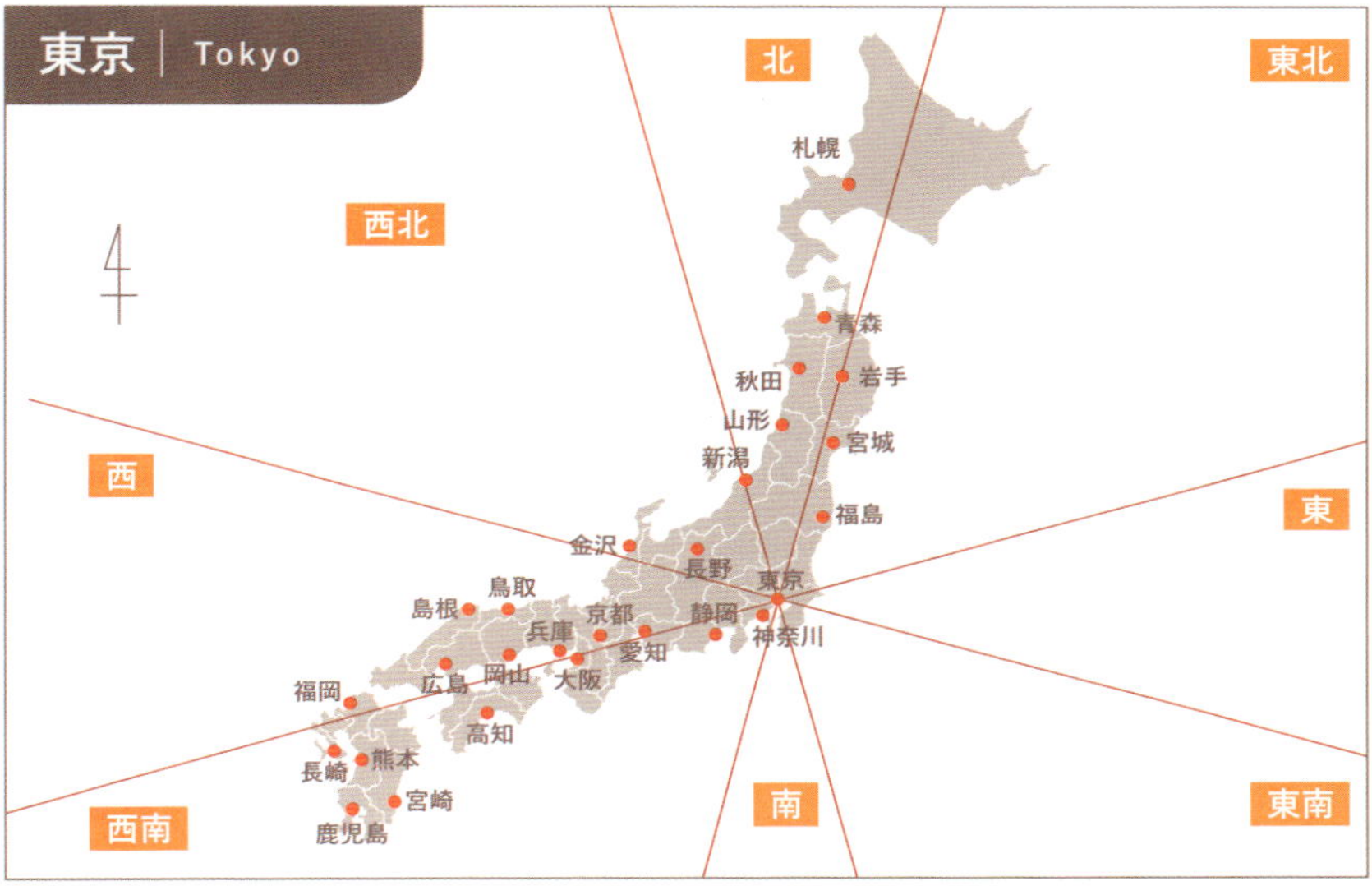

沖縄は西南の方向にあります

名古屋 | Nagoya

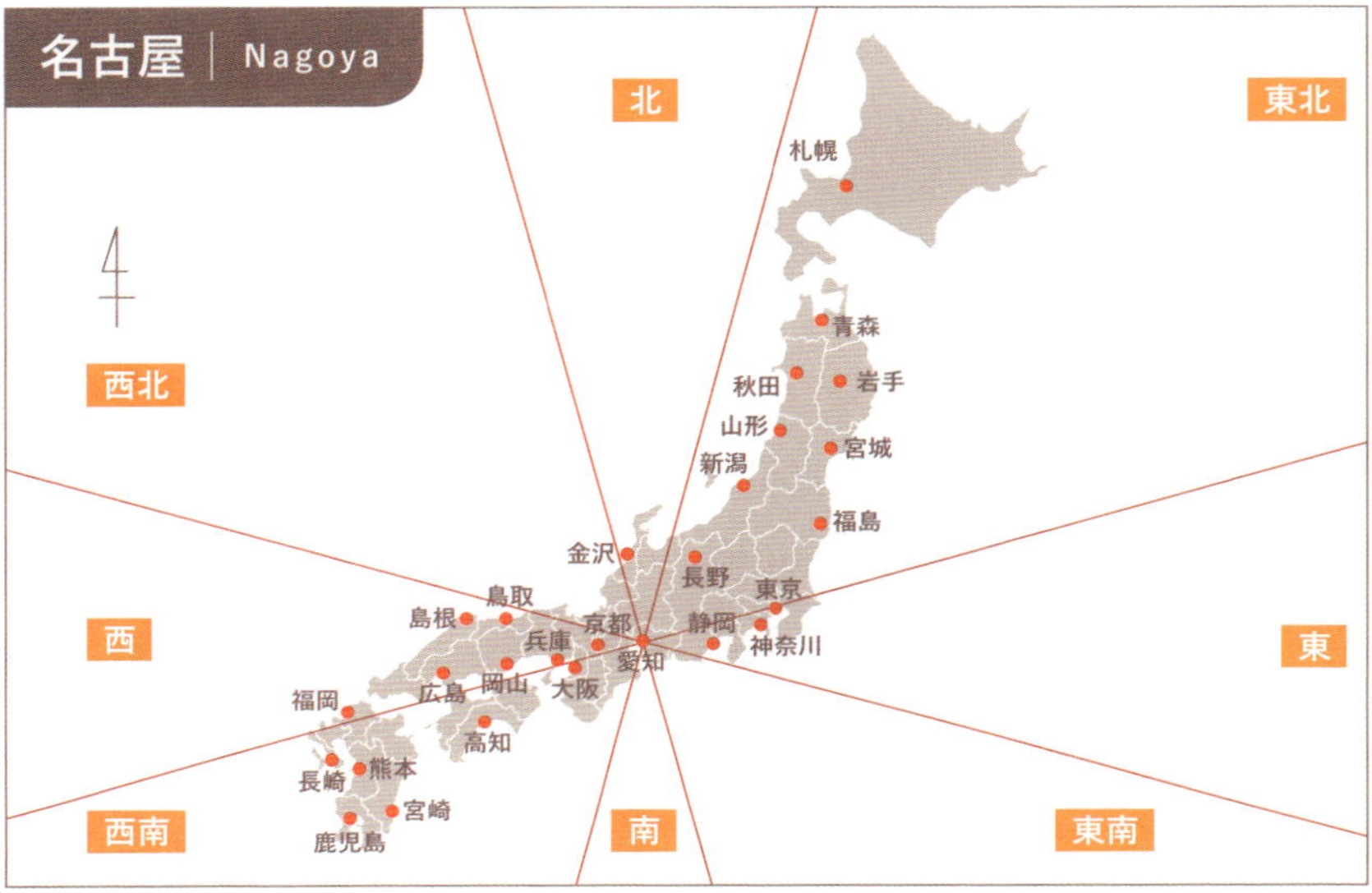

沖縄は西南の方向にあります

大阪 | Osaka

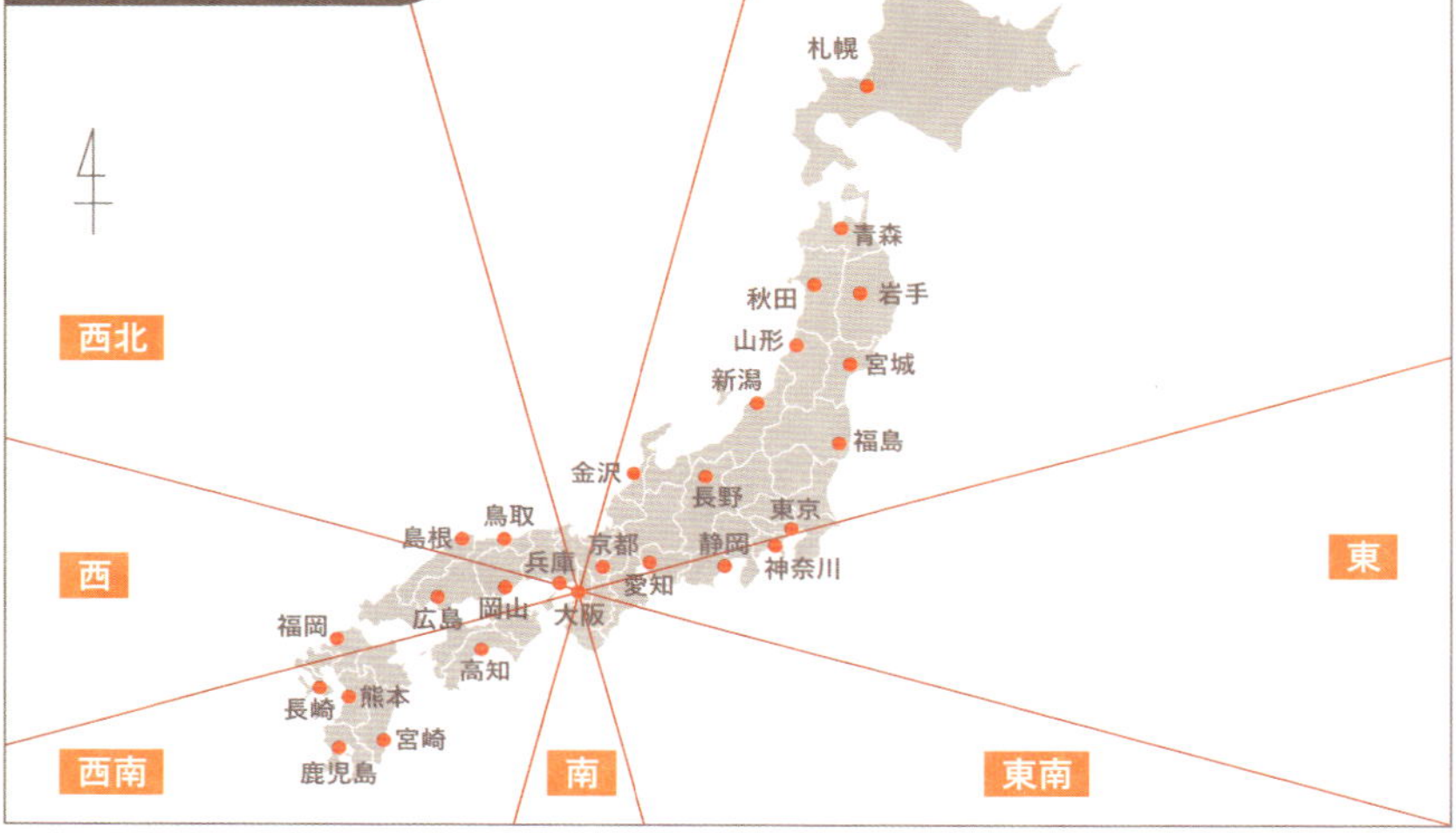

沖縄は西南の方向にあります

福岡 | Fukuoka

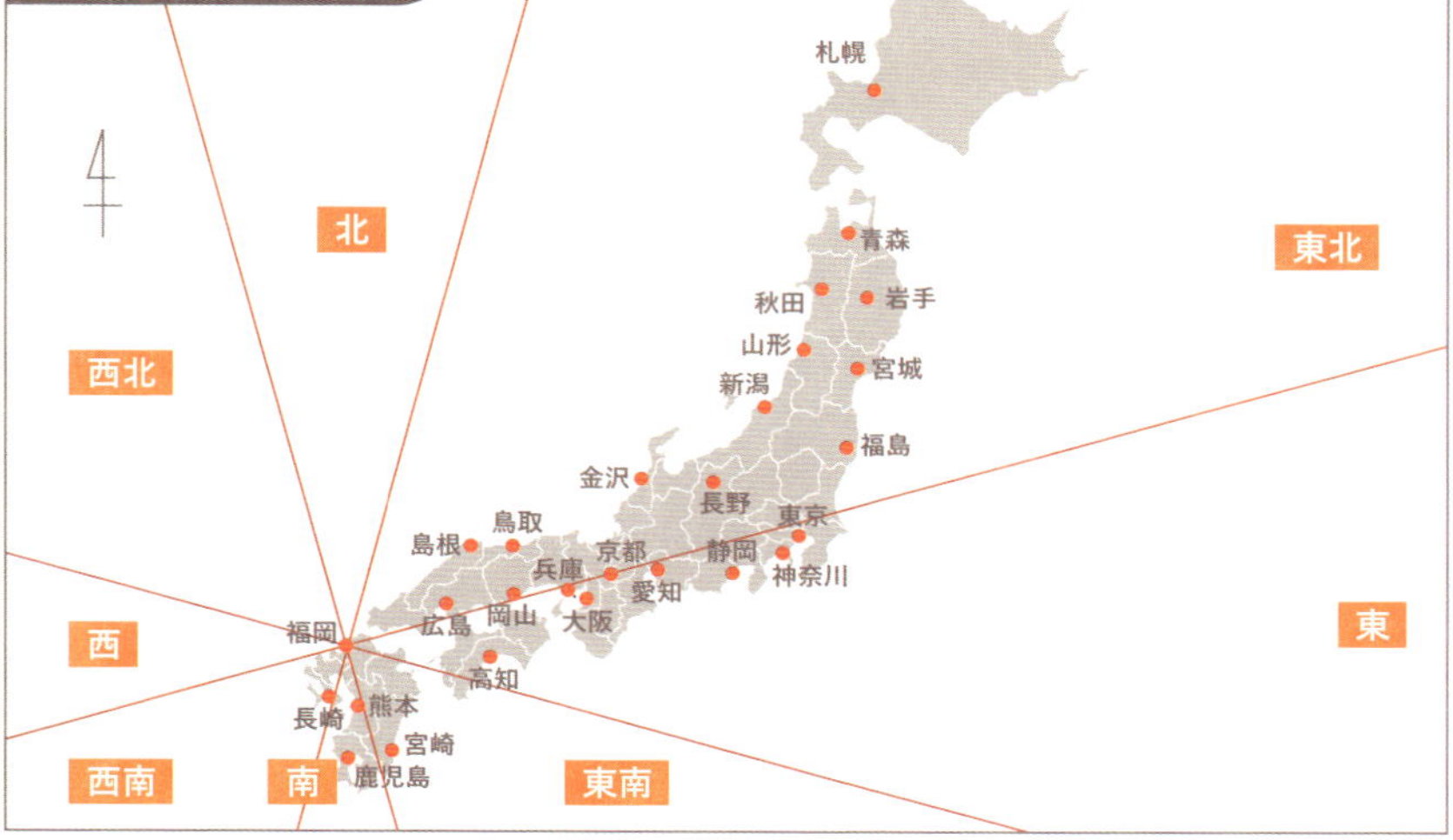

沖縄は西南の方向にあります

日本全図

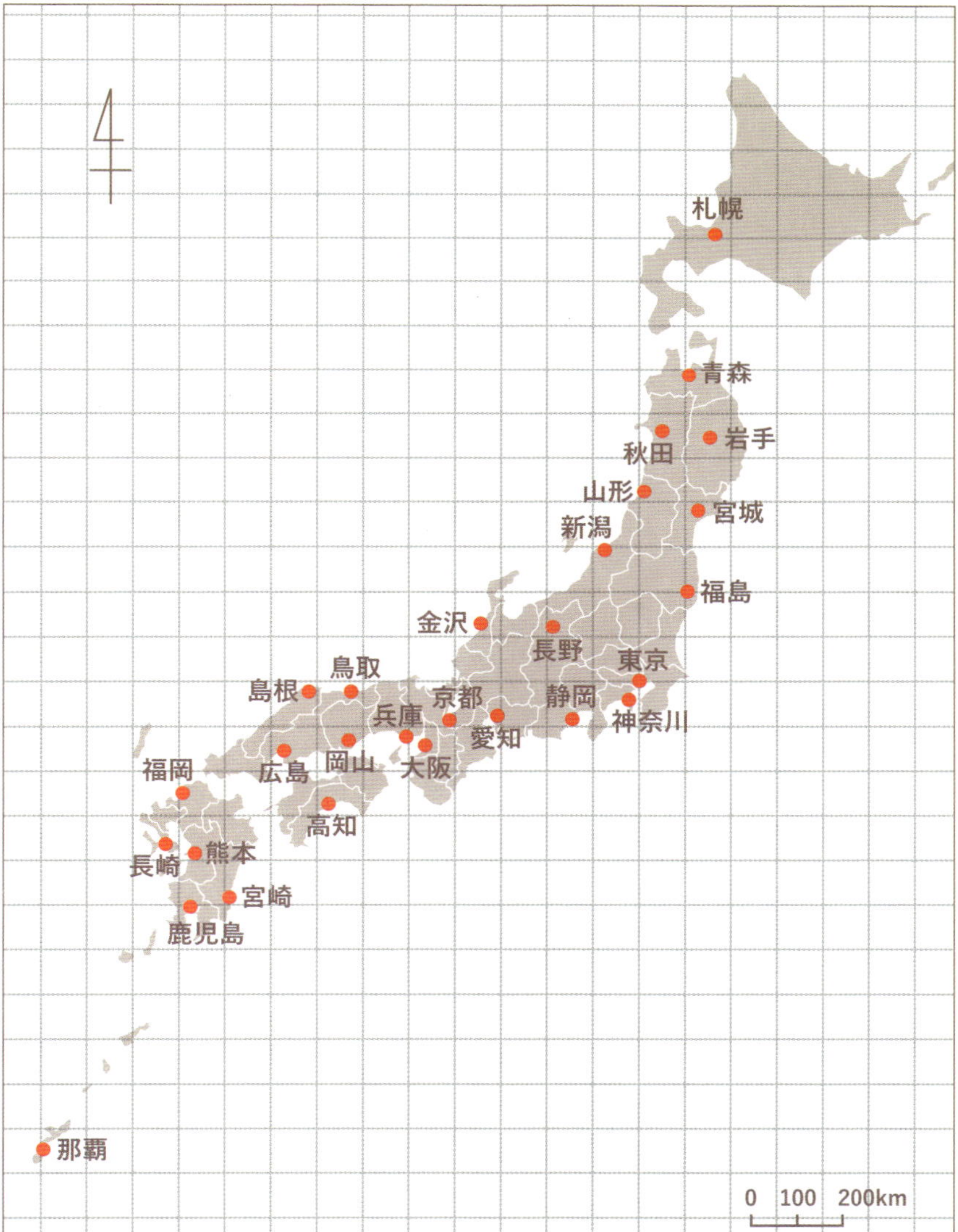
北
札幌
青森
岩手
秋田
山形
宮城
新潟
福島
金沢
長野
東京
鳥取
島根
京都
静岡
兵庫
神奈川
愛知
福岡
広島
岡山
大阪
高知
長崎
熊本
宮崎
鹿児島
那覇
0 100 200km

東京を中心に見たときの世界の八方位

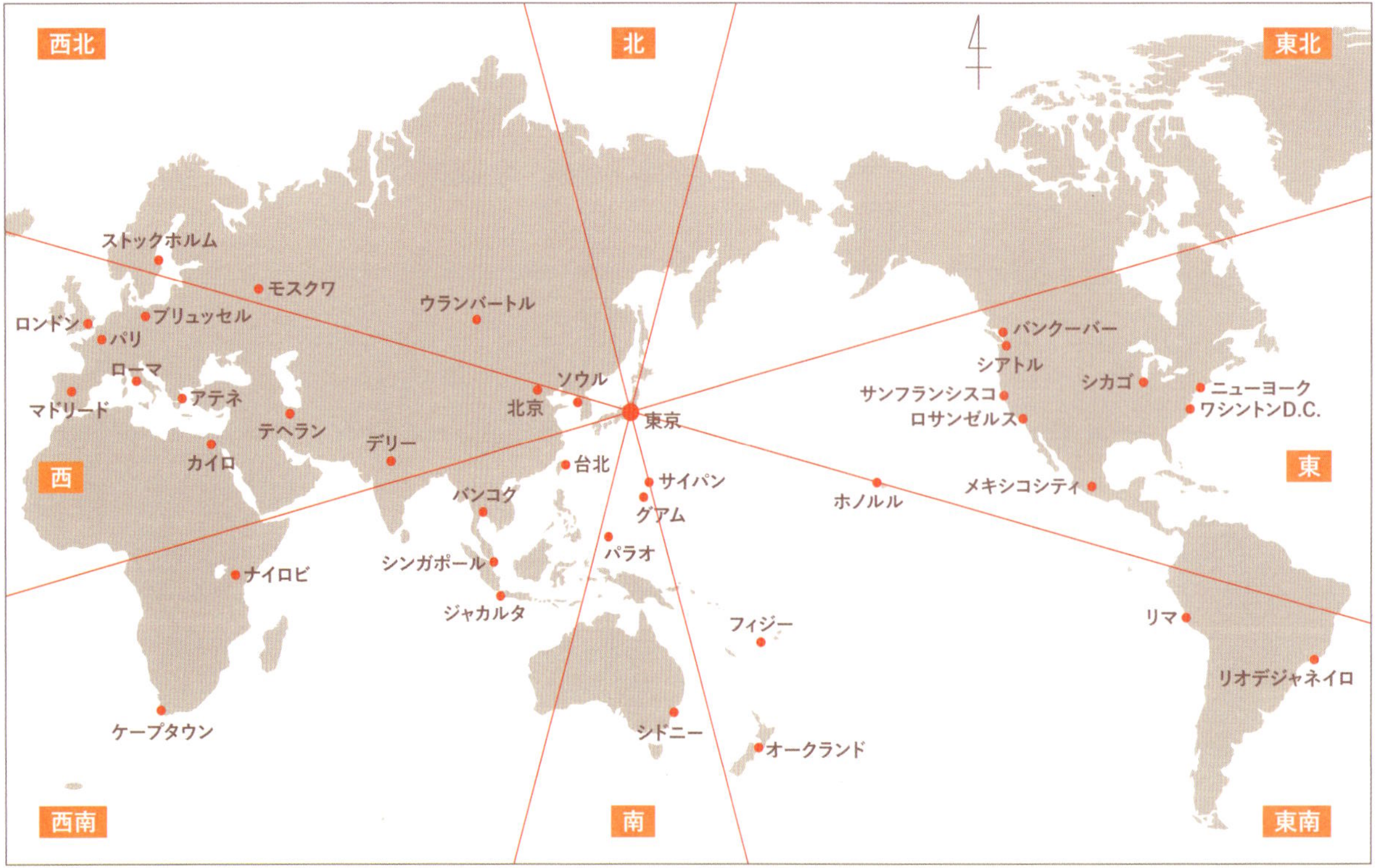

※海外旅行として人気の地名を入れてあります

第６章

ずばりここ！本命星の吉方位がわかる一覧表

「吉方おでかけ」と「吉方旅行」で
自分の吉方位を探すときに必要な「年盤・月盤・日盤一覧表」を
2018年２月から2024年１月までの６年分、
掲載しています。

年盤・月盤・日盤一覧表の使い方

本章では、「吉方おでかけ」と「吉方旅行」で、その日その時期、その人の星にとって相性のよい星が入った吉方位を探すときに必須の「方位学年盤・月盤・日盤一覧表」を、２０１８年2月～２０２４年1月までの6年分、一挙にご紹介します。この「方位学年盤・月盤・日盤一覧表」は、その年の「年盤《ねんばん》」、その月の「月盤《げつばん》」、その日の「日盤《ひばん》」を知るために必要となります。

年盤・月盤・日盤の見方

まず、１４８ページを開いてください。２０１８年2月から翌年の1月までの一年分が掲載されています（2月から翌年の1月までを掲載しているのは、方位学では一年の始まりは1月から始まる新暦ではなく、2月から始まる旧暦を使うからです）。

では、表の見方を簡単に説明しましょう。

まず、表の上にある八角形の方位盤が、その年の「年盤」です。中宮（盤の真ん中）に「九」とあり、九紫火星が中宮に入った方位盤であることを示します。

そして、その下にある表の2月から翌1月の各月に入っている方位盤が、その月ごとの「月盤」です。

この年盤と月盤は、「吉方旅行」において、その時期その人にとって相性のよい星が入った吉方位を探すときに使います。

さらに月盤の下にある、「中宮」の欄に1日から31日まで日替わりで入っているのが、「日盤」の中宮に入る星の名前です。40ページで紹介した9パターンある方位盤の中から、これらの星が中宮に入った方位盤を、その日の「日盤」として使います。この日盤によって、「吉方おでかけ」では、その日その人にとって相性のよい星が入った吉方位を探すことができます。

「年盤・月盤・日盤一覧表」を使って吉方位を探す

「年盤・月盤・日盤一覧表」の使い方も簡単に紹介しておきましょう。まずは、第2章でご紹介した「吉方おでかけ」から。たとえば、２０１８年12月8日に気になる相手とデートをしたいとき、でかけるべき吉方位を探すなら？

日盤を使って！《「吉方おでかけ」の吉方位を探す場合》

①１４９ページにある２０１８年「方位学年盤・月盤・日盤一覧表」の12月の「中宮」の欄を見ます。

②12月８日の欄に入っている「二黒」、すなわち二黒土星が中宮に入った方位盤が、２０１８年12月８日の日盤となります。ちなみに中宮の欄の右隣にある十二支の「戌《いぬ》」も凶方位を割り出すときに必要なので、一緒にメモをしておきましょう。

③この「二黒土星」が中宮に入った方位盤を40ページから探し、自分にとっての12月８日に「吉方おでかけ」で行くべき吉方位を割り出してください（具体的な割り出し方は、第２章49ページをご参照ください）。

では、「吉方旅行」の場合は？
たとえば、２０１９年の２月の時期に「吉方旅行」にでかけたいなら？

年盤・月盤を使って！《「吉方旅行」の吉方位を探す場合》

①１５０ページにある２０１９年「方位学年盤・月盤・日盤一覧表」の「年盤」を見ます。

中宮（盤の真ん中）に「八」、すなわち八白土星が入った方位盤が、この年の「年盤」です。このとき、年盤の右に記載されている十二支の「亥《い》」も凶方位を割り出すときに必要なので、一緒にメモをしておきましょう。

②次に、2月の「月盤」を見ます。中宮（盤の真ん中）に「二」、すなわち二黒土星が入った方位盤が、この月の「月盤」です。上にある2月の十二支の「寅」も凶方位を割り出すときに必要なので、一緒にメモをしておきましょう。

③「八白土星」が中宮に入った「年盤」と、「二黒土星」が中宮に入った「月盤」を組み合わせて、自分が行くべき吉方位を割り出してください（具体的な割り出し方は、第5章１１６ページをご参照ください）。

これで、そのときの自分にとっての吉方位や凶方位を割り出すことができます。「吉方おでかけ」と「吉方旅行」をどんどん活用して、さらなる幸運を逃さずつかんでください。

（注：方位学の場合は旧暦を使いますので、2月の時期は2月5日から3月5日までの期間となります。一覧表では、旧暦における月と月の変わり目の日がわかりやすいように、区切りとして黒地にしています。たとえば、２０１９年の3月の時期は3月7日から4月4日まで、4月の時期は4月6日から5月5日までになります。たとえば２０１９年4月5日など、黒地にした月の変わり目の日は、どちらの月の影響を受けるか判断が難しく吉方旅行の効果も断言できないため、旅行の出発日にはしないでください）

《2018年》

《戌年》九紫火星 中宮

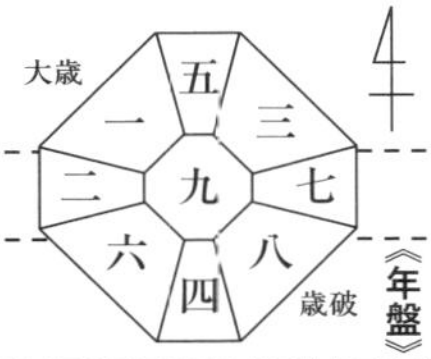

《年盤》

7月			6月			5月			4月			3月			2月			月
未			午			巳			辰			卯			寅			十二支
7日 12：31			6日 2：20			5日 22：15			5日 5：10			6日 0：20			4日 6：25			節入
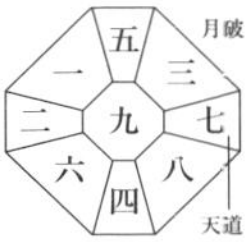			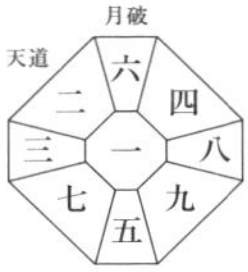			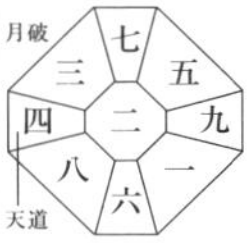			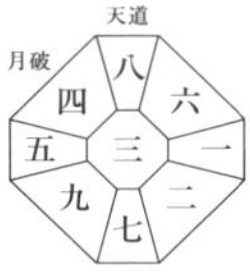			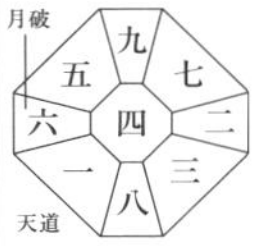			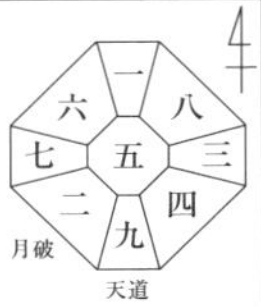			《北が上》月盤
曜	中宮	十二支	曜	中宮	十二支	曜	中宮	十二支	曜	中宮	十二支	曜	中宮	十二支	曜	中宮	十二支	日
日	六白	午	金	九紫	子	火	六白	巳	日	三碧	亥	木	八白	辰	木	七赤	子	1
月	五黄	未	土	八白	丑	水	七赤	午	月	四緑	子	金	九紫	巳	金	八白	丑	2
火	四緑	申	日	七赤	寅	木	八白	未	火	五黄	丑	土	一白	午	土	九紫	寅	3
水	三碧	酉	月	六白	卯	金	九紫	申	水	六白	寅	日	二黒	未	日	一白	卯	4
木	二黒	戌	火	五黄	辰	土	一白	酉	木	七赤	卯	月	三碧	申	月	二黒	辰	5
金	一白	亥	水	四緑	巳	日	二黒	戌	金	八白	辰	火	四緑	酉	火	三碧	巳	6
土	九紫	子	木	三碧	午	月	三碧	亥	土	九紫	巳	水	五黄	戌	水	四緑	午	7
日	八白	丑	金	二黒	未	火	四緑	子	日	一白	午	木	六白	亥	木	五黄	未	8
月	七赤	寅	土	一白	申	水	五黄	丑	月	二黒	未	金	七赤	子	金	六白	申	9
火	六白	卯	日	九紫	酉	木	六白	寅	火	三碧	申	土	八白	丑	土	七赤	酉	10
水	五黄	辰	月	八白	戌	金	七赤	卯	水	四緑	酉	日	九紫	寅	日	八白	戌	11
木	四緑	巳	火	七赤	亥	土	八白	辰	木	五黄	戌	月	一白	卯	月	九紫	亥	12
金	三碧	午	水	六白	子	日	九紫	巳	金	六白	亥	火	二黒	辰	火	一白	子	13
土	二黒	未	木	五黄	丑	月	一白	午	土	七赤	子	水	三碧	巳	水	二黒	丑	14
日	一白	申	金	四緑	寅	火	二黒	未	日	八白	丑	木	四緑	午	木	三碧	寅	15
月	九紫	酉	土	三碧	卯	水	三碧	申	月	九紫	寅	金	五黄	未	金	四緑	卯	16
火	八白	戌	日	二黒	辰	木	四緑	酉	火	一白	卯	土	六白	申	土	五黄	辰	17
水	七赤	亥	月	一白	巳	金	五黄	戌	水	二黒	辰	日	七赤	酉	日	六白	巳	18
木	六白	子	火	九紫	午	土	六白	亥	木	三碧	巳	月	八白	戌	月	七赤	午	19
金	五黄	丑	水	八白	未	日	七赤	子	金	四緑	午	火	九紫	亥	火	八白	未	20
土	四緑	寅	木	七赤	申	月	八白	丑	土	五黄	未	水	一白	子	水	九紫	申	21
日	三碧	卯	金	六白	酉	火	九紫	寅	日	六白	申	木	二黒	丑	木	一白	酉	22
月	二黒	辰	土	五黄	戌	水	一白	卯	月	七赤	酉	金	三碧	寅	金	二黒	戌	23
火	一白	巳	日	四緑	亥	木	二黒	辰	火	八白	戌	土	四緑	卯	土	三碧	亥	24
水	九紫	午	月	三碧	子	金	三碧	巳	水	九紫	亥	日	五黄	辰	日	四緑	子	25
木	八白	未	火	二黒	丑	土	四緑	午	木	一白	子	月	六白	巳	月	五黄	丑	26
金	七赤	申	水	一白	寅	日	五黄	未	金	二黒	丑	火	七赤	午	火	六白	寅	27
土	六白	酉	木	九紫	卯	月	六白	申	土	三碧	寅	水	八白	未	水	七赤	卯	28
日	五黄	戌	金	八白	辰	火	七赤	酉	日	四緑	卯	木	九紫	申				29
月	四緑	亥	土	七赤	巳	水	八白	戌	月	五黄	辰	金	一白	酉				30
火	三碧	子				木	九紫	亥				土	二黒	戌				31

（翌）1月			12月			11月			10月			9月			8月			月
丑			子			亥			戌			酉			申			十二支
6日 0：40			7日 13：25			7日 20：35			8日 17：11			8日 1：26			7日 22：27			節入
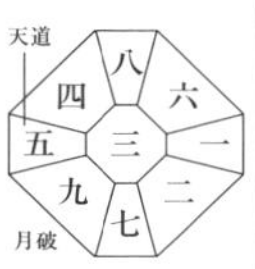			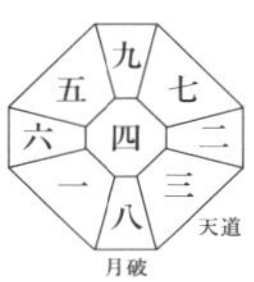			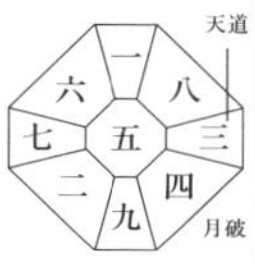			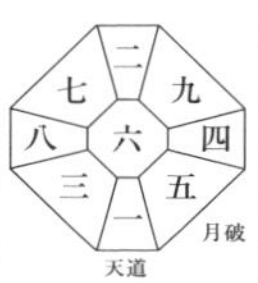			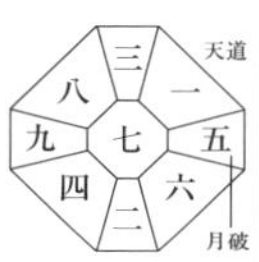			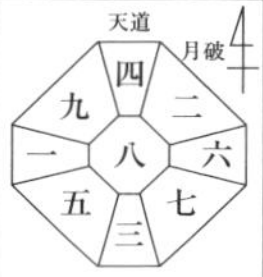			《北が上》月盤
曜	中宮	十二支	曜	中宮	十二支	曜	中宮	十二支	曜	中宮	十二支	曜	中宮	十二支	曜	中宮	十二支	日
火	八白	戌	土	四緑	卯	木	九紫	酉	月	四緑	寅	土	七赤	申	水	二黒	丑	1
水	九紫	亥	日	五黄	辰	金	八白	戌	火	三碧	卯	日	六白	酉	木	一白	寅	2
木	一白	子	月	六白	巳	土	七赤	亥	水	二黒	辰	月	五黄	戌	金	九紫	卯	3
金	二黒	丑	火	七赤	午	日	六白	子	木	一白	巳	火	四緑	亥	土	八白	辰	4
土	三碧	寅	水	八白	未	月	五黄	丑	金	九紫	午	水	三碧	子	日	七赤	巳	5
日	四緑	卯	木	九紫	申	火	四緑	寅	土	八白	未	木	二黒	丑	月	六白	午	6
月	五黄	辰	金	一白	酉	水	三碧	卯	日	七赤	申	金	一白	寅	火	五黄	未	7
火	六白	巳	土	二黒	戌	木	二黒	辰	月	六白	酉	土	九紫	卯	水	四緑	申	8
水	七赤	午	日	三碧	亥	金	一白	巳	火	五黄	戌	日	八白	辰	木	三碧	酉	9
木	八白	未	月	四緑	子	土	九紫	午	水	四緑	亥	月	七赤	巳	金	二黒	戌	10
金	九紫	申	火	五黄	丑	日	八白	未	木	三碧	子	火	六白	午	土	一白	亥	11
土	一白	酉	水	六白	寅	月	七赤	申	金	二黒	丑	水	五黄	未	日	九紫	子	12
日	二黒	戌	木	七赤	卯	火	六白	酉	土	一白	寅	木	四緑	申	月	八白	丑	13
月	三碧	亥	金	八白	辰	水	五黄	戌	日	九紫	卯	金	三碧	酉	火	七赤	寅	14
火	四緑	子	土	九紫	巳	木	四緑	亥	月	八白	辰	土	二黒	戌	水	六白	卯	15
水	五黄	丑	日	一白	午	金	三碧	子	火	七赤	巳	日	一白	亥	木	五黄	辰	16
木	六白	寅	月	二黒	未	土	二黒	丑	水	六白	午	月	九紫	子	金	四緑	巳	17
金	七赤	卯	火	三碧	申	日	一白	寅	木	五黄	未	火	八白	丑	土	三碧	午	18
土	八白	辰	水	四緑	酉	月	九紫	卯	金	四緑	申	水	七赤	寅	日	二黒	未	19
日	九紫	巳	木	五黄	戌	火	八白	辰	土	三碧	酉	木	六白	卯	月	一白	申	20
月	一白	午	金	六白	亥	水	七赤	巳	日	二黒	戌	金	五黄	辰	火	九紫	酉	21
火	二黒	未	土	七赤	子	木	六白	午	月	一白	亥	土	四緑	巳	水	八白	戌	22
水	三碧	申	日	八白	丑	金	五黄	未	火	九紫	子	日	三碧	午	木	七赤	亥	23
木	四緑	酉	月	九紫	寅	土	四緑	申	水	八白	丑	月	二黒	未	金	六白	子	24
金	五黄	戌	火	一白	卯	日	三碧	酉	木	七赤	寅	火	一白	申	土	五黄	丑	25
土	六白	亥	水	二黒	辰	月	二黒	戌	金	六白	卯	水	九紫	酉	日	四緑	寅	26
日	七赤	子	木	三碧	巳	火	一白	亥	土	五黄	辰	木	八白	戌	月	三碧	卯	27
月	八白	丑	金	四緑	午	水	一白	子	日	四緑	巳	金	七赤	亥	火	二黒	辰	28
火	九紫	寅	土	五黄	未	木	二黒	丑	月	三碧	午	土	六白	子	水	一白	巳	29
水	一白	卯	日	六白	申	金	三碧	寅	火	二黒	未	日	五黄	丑	木	九紫	午	30
木	二黒	辰	月	七赤	酉				水	一白	申				金	八白	未	31

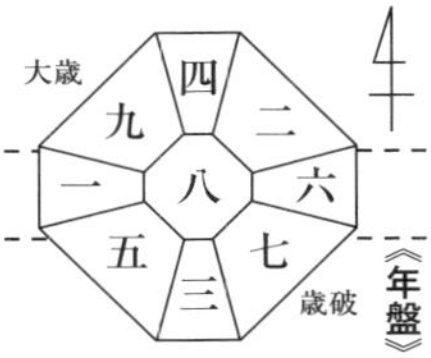

《年盤》

《2019 年》

《亥年》八白土星　中宮

7月			6月			5月			4月			3月			2月			月
未			午			巳			辰			卯			寅			十二支
7日　18：17			6日　8：05			6日　4：00			5日　10：53			6日　6：10			4日　12：15			節入
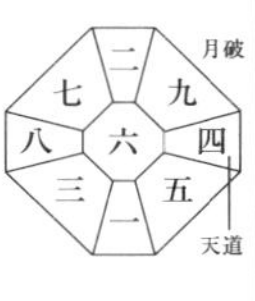			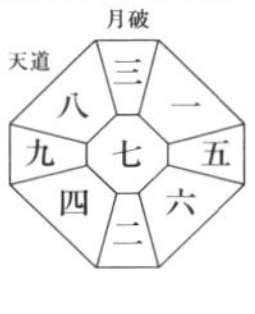			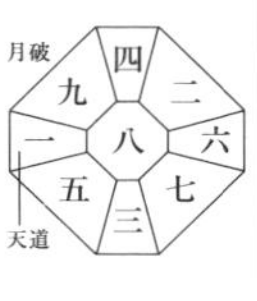			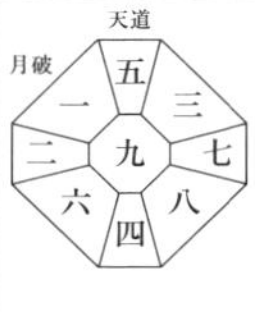			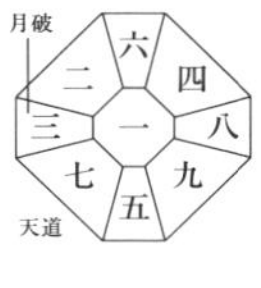			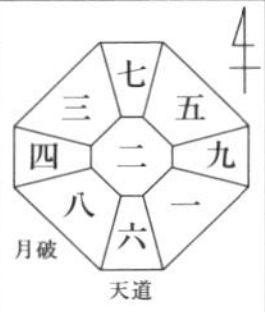			《北が上》月盤
曜	中宮	十二支	曜	中宮	十二支	曜	中宮	十二支	曜	中宮	十二支	曜	中宮	十二支	曜	中宮	十二支	日
月	一白	亥	土	四緑	巳	水	二黒	戌	月	八白	辰	金	四緑	酉	金	三碧	巳	1
火	九紫	子	日	三碧	午	木	三碧	亥	火	九紫	巳	土	五黄	戌	土	四緑	午	2
水	八白	丑	月	二黒	未	金	四緑	子	水	一白	午	日	六白	亥	日	五黄	未	3
木	七赤	寅	火	一白	申	土	五黄	丑	木	二黒	未	月	七赤	子	月	六白	申	4
金	六白	卯	水	九紫	酉	日	六白	寅	金	三碧	申	火	八白	丑	火	七赤	酉	5
土	五黄	辰	木	八白	戌	月	七赤	卯	土	四緑	酉	水	九紫	寅	水	八白	戌	6
日	四緑	巳	金	七赤	亥	火	八白	辰	日	五黄	戌	木	一白	卯	木	九紫	亥	7
月	三碧	午	土	六白	子	水	九紫	巳	月	六白	亥	金	二黒	辰	金	一白	子	8
火	二黒	未	日	五黄	丑	木	一白	午	火	七赤	子	土	三碧	巳	土	二黒	丑	9
水	一白	申	月	四緑	寅	金	二黒	未	水	八白	丑	日	四緑	午	日	三碧	寅	10
木	九紫	酉	火	三碧	卯	土	三碧	申	木	九紫	寅	月	五黄	未	月	四緑	卯	11
金	八白	戌	水	二黒	辰	日	四緑	酉	金	一白	卯	火	六白	申	火	五黄	辰	12
土	七赤	亥	木	一白	巳	月	五黄	戌	土	二黒	辰	水	七赤	酉	水	六白	巳	13
日	六白	子	金	九紫	午	火	六白	亥	日	三碧	巳	木	八白	戌	木	七赤	午	14
月	五黄	丑	土	八白	未	水	七赤	子	月	四緑	午	金	九紫	亥	金	八白	未	15
火	四緑	寅	日	七赤	申	木	八白	丑	火	五黄	未	土	一白	子	土	九紫	申	16
水	三碧	卯	月	六白	酉	金	九紫	寅	水	六白	申	日	二黒	丑	日	一白	酉	17
木	二黒	辰	火	五黄	戌	土	一白	卯	木	七赤	酉	月	三碧	寅	月	二黒	戌	18
金	一白	巳	水	四緑	亥	日	二黒	辰	金	八白	戌	火	四緑	卯	火	三碧	亥	19
土	九紫	午	木	三碧	子	月	三碧	巳	土	九紫	亥	水	五黄	辰	水	四緑	子	20
日	八白	未	金	二黒	丑	火	四緑	午	日	一白	子	木	六白	巳	木	五黄	丑	21
月	七赤	申	土	一白	寅	水	五黄	未	月	二黒	丑	金	七赤	午	金	六白	寅	22
火	六白	酉	日	九紫	卯	木	六白	申	火	三碧	寅	土	八白	未	土	七赤	卯	23
水	五黄	戌	月	八白	辰	金	七赤	酉	水	四緑	卯	日	九紫	申	日	八白	辰	24
木	四緑	亥	火	七赤	巳	土	八白	戌	木	五黄	辰	月	一白	酉	月	九紫	巳	25
金	三碧	子	水	六白	午	日	九紫	亥	金	六白	巳	火	二黒	戌	火	一白	午	26
土	二黒	丑	木	五黄	未	月	九紫	子	土	七赤	午	水	三碧	亥	水	二黒	未	27
日	一白	寅	金	四緑	申	火	八白	丑	日	八白	未	木	四緑	子	木	三碧	申	28
月	九紫	卯	土	三碧	酉	水	七赤	寅	月	九紫	申	金	五黄	丑				29
火	八白	辰	日	二黒	戌	木	六白	卯	火	一白	酉	土	六白	寅				30
水	七赤	巳				金	五黄	辰				日	七赤	卯				31

月	（翌）1月	12月	11月	10月	9月	8月
十二支	丑	子	亥	戌	酉	申
節入	6日 6：33	7日 19：16	8日 2：17	8日 23：00	8日 7：12	8日 4：10

《北が上》月盤

（翌）1月

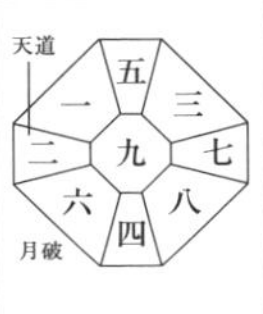

12月

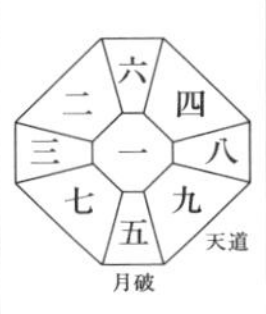

11月

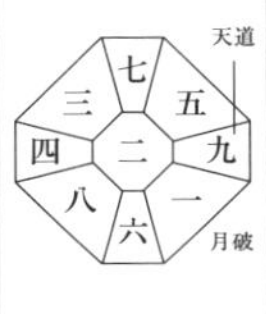

10月

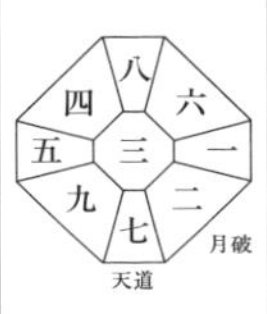

9月

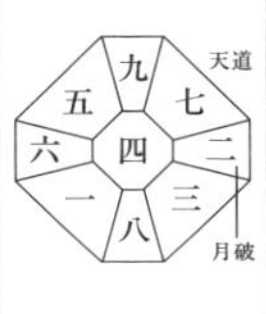

8月

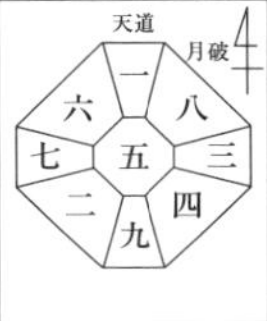

曜	中宮	十二支	曜	中宮	十二支	曜	中宮	十二支	曜	中宮	十二支	曜	中宮	十二支	曜	中宮	十二支	日
水	四緑	卯	日	九紫	申	金	四緑	寅	火	八白	未	日	二黒	丑	木	六白	午	1
木	五黄	辰	月	一白	酉	土	三碧	卯	水	七赤	申	月	一白	寅	金	五黄	未	2
金	六白	巳	火	二黒	戌	日	二黒	辰	木	六白	酉	火	九紫	卯	土	四緑	申	3
土	七赤	午	水	三碧	亥	月	一白	巳	金	五黄	戌	水	八白	辰	日	三碧	酉	4
日	八白	未	木	四緑	子	火	九紫	午	土	四緑	亥	木	七赤	巳	月	二黒	戌	5
月	九紫	申	金	五黄	丑	水	八白	未	日	三碧	子	金	六白	午	火	一白	亥	6
火	一白	酉	土	六白	寅	木	七赤	申	月	二黒	丑	土	五黄	未	水	九紫	子	7
水	二黒	戌	日	七赤	卯	金	六白	酉	火	一白	寅	日	四緑	申	木	八白	丑	8
木	三碧	亥	月	八白	辰	土	五黄	戌	水	九紫	卯	月	三碧	酉	金	七赤	寅	9
金	四緑	子	火	九紫	巳	日	四緑	亥	木	八白	辰	火	二黒	戌	土	六白	卯	10
土	五黄	丑	水	一白	午	月	三碧	子	金	七赤	巳	水	一白	亥	日	五黄	辰	11
日	六白	寅	木	二黒	未	火	二黒	丑	土	六白	午	木	九紫	子	月	四緑	巳	12
月	七赤	卯	金	三碧	申	水	一白	寅	日	五黄	未	金	八白	丑	火	三碧	午	13
火	八白	辰	土	四緑	酉	木	九紫	卯	月	四緑	申	土	七赤	寅	水	二黒	未	14
水	九紫	巳	日	五黄	戌	金	八白	辰	火	三碧	酉	日	六白	卯	木	一白	申	15
木	一白	午	月	六白	亥	土	七赤	巳	水	二黒	戌	月	五黄	辰	金	九紫	酉	16
金	二黒	未	火	七赤	子	日	六白	午	木	一白	亥	火	四緑	巳	土	八白	戌	17
土	三碧	申	水	八白	丑	月	五黄	未	金	九紫	子	水	三碧	午	日	七赤	亥	18
日	四緑	酉	木	九紫	寅	火	四緑	申	土	八白	丑	木	二黒	未	月	六白	子	19
月	五黄	戌	金	一白	卯	水	三碧	酉	日	七赤	寅	金	一白	申	火	五黄	丑	20
火	六白	亥	土	二黒	辰	木	二黒	戌	月	六白	卯	土	九紫	酉	水	四緑	寅	21
水	七赤	子	日	三碧	巳	金	一白	亥	火	五黄	辰	日	八白	戌	木	三碧	卯	22
木	八白	丑	月	四緑	午	土	一白	子	水	四緑	巳	月	七赤	亥	金	二黒	辰	23
金	九紫	寅	火	五黄	未	日	二黒	丑	木	三碧	午	火	六白	子	土	一白	巳	24
土	一白	卯	水	六白	申	月	三碧	寅	金	二黒	未	水	五黄	丑	日	九紫	午	25
日	二黒	辰	木	七赤	酉	火	四緑	卯	土	一白	申	木	四緑	寅	月	八白	未	26
月	三碧	巳	金	八白	戌	水	五黄	辰	日	九紫	酉	金	三碧	卯	火	七赤	申	27
火	四緑	午	土	九紫	亥	木	六白	巳	月	八白	戌	土	二黒	辰	水	六白	酉	28
水	五黄	未	日	一白	子	金	七赤	午	火	七赤	亥	日	一白	巳	木	五黄	戌	29
木	六白	申	月	二黒	丑	土	八白	未	水	六白	子	月	九紫	午	金	四緑	亥	30
金	七赤	酉	火	三碧	寅				木	五黄	丑				土	三碧	子	31

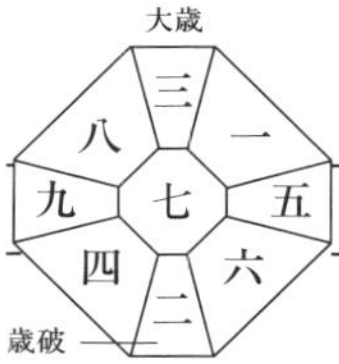

《年盤》

《2020年》

《子年》(閏年) 七赤金星 中宮

7月			6月			5月			4月			3月			2月			月
未			午			巳			辰			卯			寅			十二支
7日 0:10			5日 13:58			5日 9:53			4日 16:39			5日 12:00			4日 18:12			節入
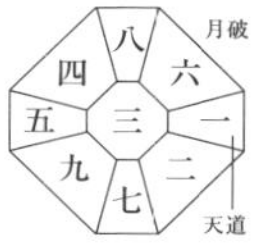			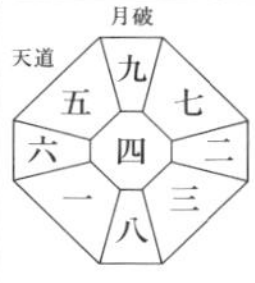			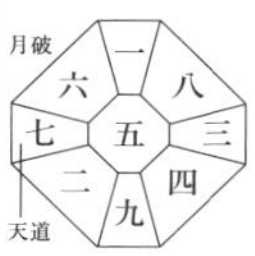			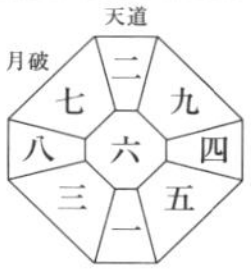			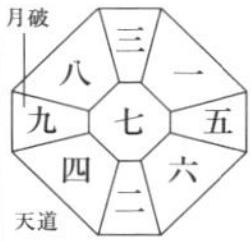			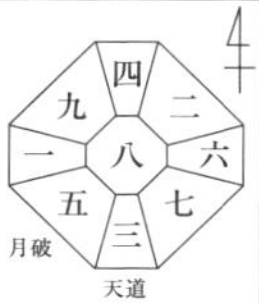			《北が上》月盤
曜	中宮	十二支	曜	中宮	十二支	曜	中宮	十二支	曜	中宮	十二支	曜	中宮	十二支	曜	中宮	十二支	日
水	一白	巳	月	三碧	亥	金	八白	辰	水	五黄	戌	日	一白	卯	土	八白	戌	1
木	九紫	午	火	四緑	子	土	九紫	巳	木	六白	亥	月	二黒	辰	日	九紫	亥	2
金	八白	未	水	五黄	丑	日	一白	午	金	七赤	子	火	三碧	巳	月	一白	子	3
土	七赤	申	木	六白	寅	月	二黒	未	土	八白	丑	水	四緑	午	火	二黒	丑	4
日	六白	酉	金	七赤	卯	火	三碧	申	日	九紫	寅	木	五黄	未	水	三碧	寅	5
月	五黄	戌	土	八白	辰	水	四緑	酉	月	一白	卯	金	六白	申	木	四緑	卯	6
火	四緑	亥	日	九紫	巳	木	五黄	戌	火	二黒	辰	土	七赤	酉	金	五黄	辰	7
水	三碧	子	月	一白	午	金	六白	亥	水	三碧	巳	日	八白	戌	土	六白	巳	8
木	二黒	丑	火	二黒	未	土	七赤	子	木	四緑	午	月	九紫	亥	日	七赤	午	9
金	一白	寅	水	三碧	申	日	八白	丑	金	五黄	未	火	一白	子	月	八白	未	10
土	九紫	卯	木	四緑	酉	月	九紫	寅	土	六白	申	水	二黒	丑	火	九紫	申	11
日	八白	辰	金	五黄	戌	火	一白	卯	日	七赤	酉	木	三碧	寅	水	一白	酉	12
月	七赤	巳	土	六白	亥	水	二黒	辰	月	八白	戌	金	四緑	卯	木	二黒	戌	13
火	六白	午	日	七赤	子	木	三碧	巳	火	九紫	亥	土	五黄	辰	金	三碧	亥	14
水	五黄	未	月	八白	丑	金	四緑	午	水	一白	子	日	六白	巳	土	四緑	子	15
木	四緑	申	火	九紫	寅	土	五黄	未	木	二黒	丑	月	七赤	午	日	五黄	丑	16
金	三碧	酉	水	一白	卯	日	六白	申	金	三碧	寅	火	八白	未	月	六白	寅	17
土	二黒	戌	木	二黒	辰	月	七赤	酉	土	四緑	卯	水	九紫	申	火	七赤	卯	18
日	一白	亥	金	三碧	巳	火	八白	戌	日	五黄	辰	木	一白	酉	水	八白	辰	19
月	九紫	子	土	三碧	午	水	九紫	亥	月	六白	巳	金	二黒	戌	木	九紫	巳	20
火	八白	丑	日	二黒	未	木	一白	子	火	七赤	午	土	三碧	亥	金	一白	午	21
水	七赤	寅	月	一白	申	金	二黒	丑	水	八白	未	日	四緑	子	土	二黒	未	22
木	六白	卯	火	九紫	酉	土	三碧	寅	木	九紫	申	月	五黄	丑	日	三碧	申	23
金	五黄	辰	水	八白	戌	日	四緑	卯	金	一白	酉	火	六白	寅	月	四緑	酉	24
土	四緑	巳	木	七赤	亥	月	五黄	辰	土	二黒	戌	水	七赤	卯	火	五黄	戌	25
日	三碧	午	金	六白	子	火	六白	巳	日	三碧	亥	木	八白	辰	水	六白	亥	26
月	二黒	未	土	五黄	丑	水	七赤	午	月	四緑	子	金	九紫	巳	木	七赤	子	27
火	一白	申	日	四緑	寅	木	八白	未	火	五黄	丑	土	一白	午	金	八白	丑	28
水	九紫	酉	月	三碧	卯	金	九紫	申	水	六白	寅	日	二黒	未	土	九紫	寅	29
木	八白	戌	火	二黒	辰	土	一白	酉	木	七赤	卯	月	三碧	申				30
金	七赤	亥				日	二黒	戌				火	四緑	酉				31

（翌）1月			12月			11月			10月			9月			8月			月
丑			子			亥			戌			酉			申			十二支
5日 12：20			7日 1：06			7日 8：10			8日 4：52			7日 12：57			7日 9：56			節入
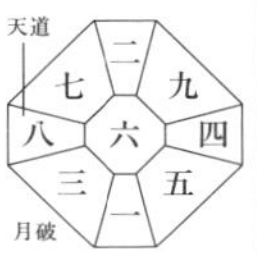			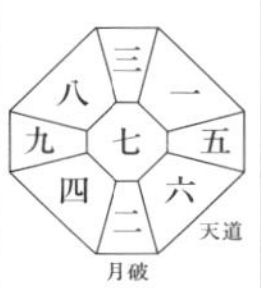			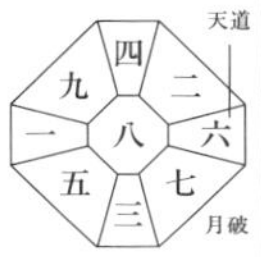			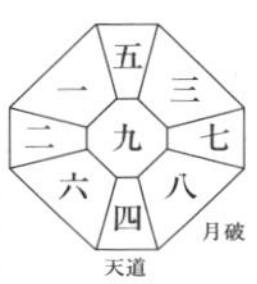			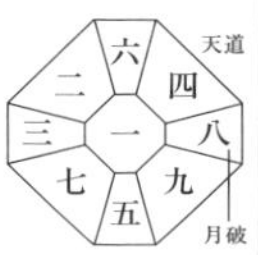			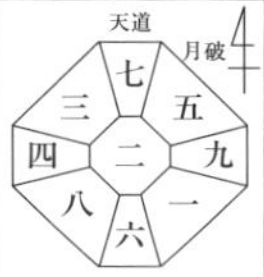			《北が上》月盤
曜	中宮	十二支	曜	中宮	十二支	曜	中宮	十二支	曜	中宮	十二支	曜	中宮	十二支	曜	中宮	十二支	日
金	六白	酉	火	一白	寅	日	四緑	申	木	八白	丑	火	二黒	未	土	六白	子	1
土	五黄	戌	水	九紫	卯	月	三碧	酉	金	七赤	寅	水	一白	申	日	五黄	丑	2
日	四緑	亥	木	八白	辰	火	二黒	戌	土	六白	卯	木	九紫	酉	月	四緑	寅	3
月	三碧	子	金	七赤	巳	水	一白	亥	日	五黄	辰	金	八白	戌	火	三碧	卯	4
火	二黒	丑	土	六白	午	木	九紫	子	月	四緑	巳	土	七赤	亥	水	二黒	辰	5
水	一白	寅	日	五黄	未	金	八白	丑	火	三碧	午	日	六白	子	木	一白	巳	6
木	九紫	卯	月	四緑	申	土	七赤	寅	水	二黒	未	月	五黄	丑	金	九紫	午	7
金	八白	辰	火	三碧	酉	日	六白	卯	木	一白	申	火	四緑	寅	土	八白	未	8
土	七赤	巳	水	二黒	戌	月	五黄	辰	金	九紫	酉	水	三碧	卯	日	七赤	申	9
日	六白	午	木	一白	亥	火	四緑	巳	土	八白	戌	木	二黒	辰	月	六白	酉	10
月	五黄	未	金	九紫	子	水	三碧	午	日	七赤	亥	金	一白	巳	火	五黄	戌	11
火	四緑	申	土	八白	丑	木	二黒	未	月	六白	子	土	九紫	午	水	四緑	亥	12
水	三碧	酉	日	七赤	寅	金	一白	申	火	五黄	丑	日	八白	未	木	三碧	子	13
木	二黒	戌	月	六白	卯	土	九紫	酉	水	四緑	寅	月	七赤	申	金	二黒	丑	14
金	一白	亥	火	五黄	辰	日	八白	戌	木	三碧	卯	火	六白	酉	土	一白	寅	15
土	一白	子	水	四緑	巳	月	七赤	亥	金	二黒	辰	水	五黄	戌	日	九紫	卯	16
日	二黒	丑	木	三碧	午	火	六白	子	土	一白	巳	木	四緑	亥	月	八白	辰	17
月	三碧	寅	金	二黒	未	水	五黄	丑	日	九紫	午	金	三碧	子	火	七赤	巳	18
火	四緑	卯	土	一白	申	木	四緑	寅	月	八白	未	土	二黒	丑	水	六白	午	19
水	五黄	辰	日	九紫	酉	金	三碧	卯	火	七赤	申	日	一白	寅	木	五黄	未	20
木	六白	巳	月	八白	戌	土	二黒	辰	水	六白	酉	月	九紫	卯	金	四緑	申	21
金	七赤	午	火	七赤	亥	日	一白	巳	木	五黄	戌	火	八白	辰	土	三碧	酉	22
土	八白	未	水	六白	子	月	九紫	午	金	四緑	亥	水	七赤	巳	日	二黒	戌	23
日	九紫	申	木	五黄	丑	火	八白	未	土	三碧	子	木	六白	午	月	一白	亥	24
月	一白	酉	金	四緑	寅	水	七赤	申	日	二黒	丑	金	五黄	未	火	九紫	子	25
火	二黒	戌	土	三碧	卯	木	六白	酉	月	一白	寅	土	四緑	申	水	八白	丑	26
水	三碧	亥	日	二黒	辰	金	五黄	戌	火	九紫	卯	日	三碧	酉	木	七赤	寅	27
木	四緑	子	月	一白	巳	土	四緑	亥	水	八白	辰	月	二黒	戌	金	六白	卯	28
金	五黄	丑	火	九紫	午	日	三碧	子	木	七赤	巳	火	一白	亥	土	五黄	辰	29
土	六白	寅	水	八白	未	月	二黒	丑	金	六白	午	水	九紫	子	日	四緑	巳	30
日	七赤	卯	木	七赤	申				土	五黄	未				月	三碧	午	31

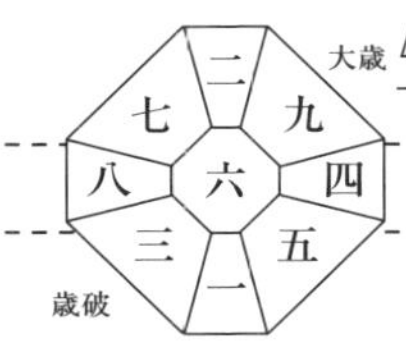

《年盤》

《2021年》

《丑年》六白金星　中宮

7月			6月			5月			4月			3月			2月			月
未			午			巳			辰			卯			寅			十二支
7日 5：50			5日 19：45			5日 15：47			4日 22：38			5日 17：50			4日 0：03			節入

《北が上》月盤

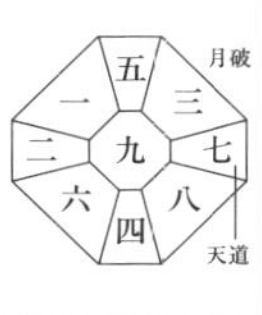

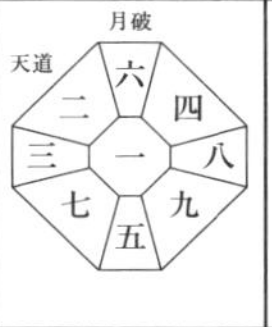

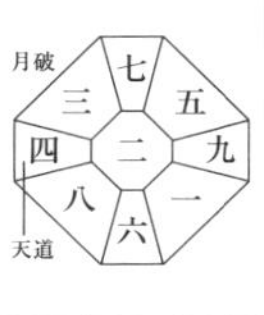

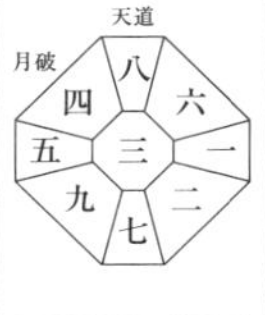

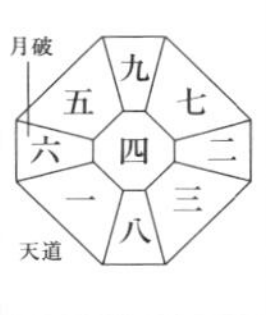

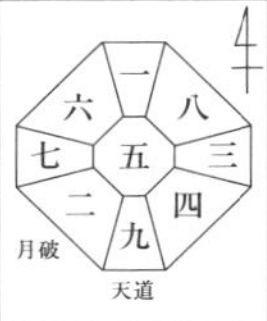

曜	中宮	十二支	曜	中宮	十二支	曜	中宮	十二支	曜	中宮	十二支	曜	中宮	十二支	曜	中宮	十二支	日
木	五黄	戌	火	二黒	辰	土	七赤	酉	木	四緑	卯	月	九紫	申	月	八白	辰	1
金	六白	亥	水	三碧	巳	日	八白	戌	金	五黄	辰	火	一白	酉	火	九紫	巳	2
土	七赤	子	木	四緑	午	月	九紫	亥	土	六白	巳	水	二黒	戌	水	一白	午	3
日	八白	丑	金	五黄	未	火	一白	子	日	七赤	午	木	三碧	亥	木	二黒	未	4
月	九紫	寅	土	六白	申	水	二黒	丑	月	八白	未	金	四緑	子	金	三碧	申	5
火	一白	卯	日	七赤	酉	木	三碧	寅	火	九紫	申	土	五黄	丑	土	四緑	酉	6
水	二黒	辰	月	八白	戌	金	四緑	卯	水	一白	酉	日	六白	寅	日	五黄	戌	7
木	三碧	巳	火	九紫	亥	土	五黄	辰	木	二黒	戌	月	七赤	卯	月	六白	亥	8
金	四緑	午	水	一白	子	日	六白	巳	金	三碧	亥	火	八白	辰	火	七赤	子	9
土	五黄	未	木	二黒	丑	月	七赤	午	土	四緑	子	水	九紫	巳	水	八白	丑	10
日	六白	申	金	三碧	寅	火	八白	未	日	五黄	丑	木	一白	午	木	九紫	寅	11
月	七赤	酉	土	四緑	卯	水	九紫	申	月	六白	寅	金	二黒	未	金	一白	卯	12
火	八白	戌	日	五黄	辰	木	一白	酉	火	七赤	卯	土	三碧	申	土	二黒	辰	13
水	九紫	亥	月	六白	巳	金	二黒	戌	水	八白	辰	日	四緑	酉	日	三碧	巳	14
木	九紫	子	火	七赤	午	土	三碧	亥	木	九紫	巳	月	五黄	戌	月	四緑	午	15
金	八白	丑	水	八白	未	日	四緑	子	金	一白	午	火	六白	亥	火	五黄	未	16
土	七赤	寅	木	九紫	申	月	五黄	丑	土	二黒	未	水	七赤	子	水	六白	申	17
日	六白	卯	金	一白	酉	火	六白	寅	日	三碧	申	木	八白	丑	木	七赤	酉	18
月	五黄	辰	土	二黒	戌	水	七赤	卯	月	四緑	酉	金	九紫	寅	金	八白	戌	19
火	四緑	巳	日	三碧	亥	木	八白	辰	火	五黄	戌	土	一白	卯	土	九紫	亥	20
水	三碧	午	月	四緑	子	金	九紫	巳	水	六白	亥	日	二黒	辰	日	一白	子	21
木	二黒	未	火	五黄	丑	土	一白	午	木	七赤	子	月	三碧	巳	月	二黒	丑	22
金	一白	申	水	六白	寅	日	二黒	未	金	八白	丑	火	四緑	午	火	三碧	寅	23
土	九紫	酉	木	七赤	卯	月	三碧	申	土	九紫	寅	水	五黄	未	水	四緑	卯	24
日	八白	戌	金	八白	辰	火	四緑	酉	日	一白	卯	木	六白	申	木	五黄	辰	25
月	七赤	亥	土	九紫	巳	水	五黄	戌	月	二黒	辰	金	七赤	酉	金	六白	巳	26
火	六白	子	日	一白	午	木	六白	亥	火	三碧	巳	土	八白	戌	土	七赤	午	27
水	五黄	丑	月	二黒	未	金	七赤	子	水	四緑	午	日	九紫	亥	日	八白	未	28
木	四緑	寅	火	三碧	申	土	八白	丑	木	五黄	未	月	一白	子				29
金	三碧	卯	水	四緑	酉	日	九紫	寅	金	六白	申	火	二黒	丑				30
土	二黒	辰				月	一白	卯				水	三碧	寅				31

(翌) 1月			12月			11月			10月			9月			8月			月
丑			子			亥			戌			酉			申			十二支
5日 18：12			7日 6：58			7日 13：57			8日 10：38			7日 18：45			7日 15：40			節入
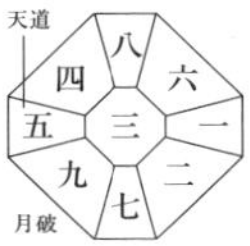			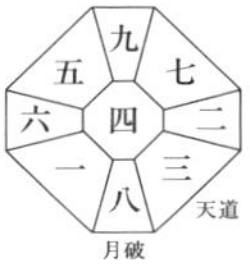						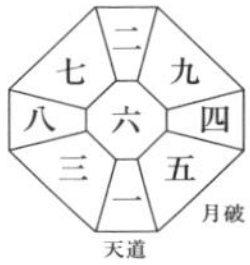			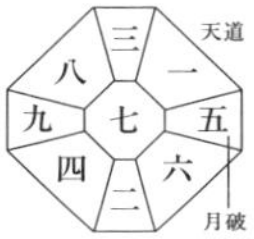			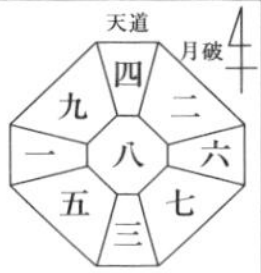			《北が上》月盤
曜	中宮	十二支	曜	中宮	十二支	曜	中宮	十二支	曜	中宮	十二支	曜	中宮	十二支	曜	中宮	十二支	日
土	一白	寅	水	五黄	未	月	八白	丑	金	三碧	午	水	六白	子	日	一白	巳	1
日	九紫	卯	木	四緑	申	火	七赤	寅	土	二黒	未	木	五黄	丑	月	九紫	午	2
月	八白	辰	金	三碧	酉	水	六白	卯	日	一白	申	金	四緑	寅	火	八白	未	3
火	七赤	巳	土	二黒	戌	木	五黄	辰	月	九紫	酉	土	三碧	卯	水	七赤	申	4
水	六白	午	日	一白	亥	金	四緑	巳	火	八白	戌	日	二黒	辰	木	六白	酉	5
木	五黄	未	月	九紫	子	土	三碧	午	水	七赤	亥	月	一白	巳	金	五黄	戌	6
金	四緑	申	火	八白	丑	日	二黒	未	木	六白	子	火	九紫	午	土	四緑	亥	7
土	三碧	酉	水	七赤	寅	月	一白	申	金	五黄	丑	水	八白	未	日	三碧	子	8
日	二黒	戌	木	六白	卯	火	九紫	酉	土	四緑	寅	木	七赤	申	月	二黒	丑	9
月	一白	亥	金	五黄	辰	水	八白	戌	日	三碧	卯	金	六白	酉	火	一白	寅	10
火	一白	子	土	四緑	巳	木	七赤	亥	月	二黒	辰	土	五黄	戌	水	九紫	卯	11
水	二黒	丑	日	三碧	午	金	六白	子	火	一白	巳	日	四緑	亥	木	八白	辰	12
木	三碧	寅	月	二黒	未	土	五黄	丑	水	九紫	午	月	三碧	子	金	七赤	巳	13
金	四緑	卯	火	一白	申	日	四緑	寅	木	八白	未	火	二黒	丑	土	六白	午	14
土	五黄	辰	水	九紫	酉	月	三碧	卯	金	七赤	申	水	一白	寅	日	五黄	未	15
日	六白	巳	木	八白	戌	火	二黒	辰	土	六白	酉	木	九紫	卯	月	四緑	申	16
月	七赤	午	金	七赤	亥	水	一白	巳	日	五黄	戌	金	八白	辰	火	三碧	酉	17
火	八白	未	土	六白	子	木	九紫	午	月	四緑	亥	土	七赤	巳	水	二黒	戌	18
水	九紫	申	日	五黄	丑	金	八白	未	火	三碧	子	日	六白	午	木	一白	亥	19
木	一白	酉	月	四緑	寅	土	七赤	申	水	二黒	丑	月	五黄	未	金	九紫	子	20
金	二黒	戌	火	三碧	卯	日	六白	酉	木	一白	寅	火	四緑	申	土	八白	丑	21
土	三碧	亥	水	二黒	辰	月	五黄	戌	金	九紫	卯	水	三碧	酉	日	七赤	寅	22
日	四緑	子	木	一白	巳	火	四緑	亥	土	八白	辰	木	二黒	戌	月	六白	卯	23
月	五黄	丑	金	九紫	午	水	三碧	子	日	七赤	巳	金	一白	亥	火	五黄	辰	24
火	六白	寅	土	八白	未	木	二黒	丑	月	六白	午	土	九紫	子	水	四緑	巳	25
水	七赤	卯	日	七赤	申	金	一白	寅	火	五黄	未	日	八白	丑	木	三碧	午	26
木	八白	辰	月	六白	酉	土	九紫	卯	水	四緑	申	月	七赤	寅	金	二黒	未	27
金	九紫	巳	火	五黄	戌	日	八白	辰	木	三碧	酉	火	六白	卯	土	一白	申	28
土	一白	午	水	四緑	亥	月	七赤	巳	金	二黒	戌	水	五黄	辰	日	九紫	酉	29
日	二黒	未	木	三碧	子	火	六白	午	土	一白	亥	木	四緑	巳	月	八白	戌	30
月	三碧	申	金	二黒	丑				日	九紫	子				火	七赤	亥	31

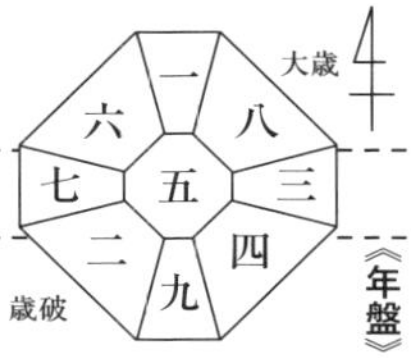

《年盤》

《2022年》

《寅年》五黄土星　中宮

7月	6月	5月	4月	3月	2月	月
未	午	巳	辰	卯	寅	十二支
7日 11：40	6日 1：25	5日 21：23	5日 4：21	5日 23：40	4日 5：54	節入

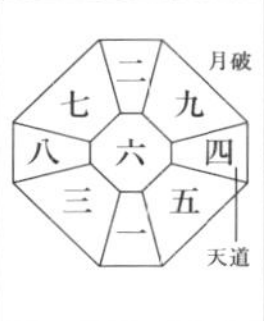

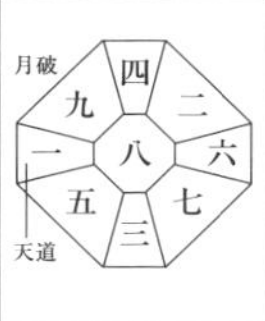

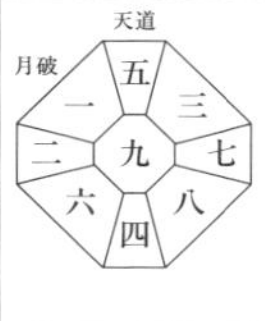

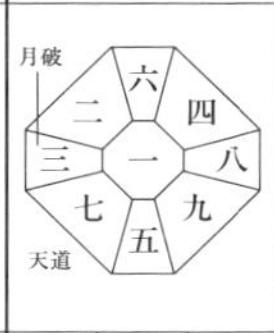

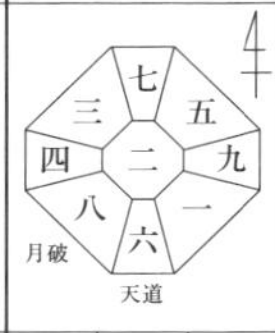

《北が上》月盤

曜	中宮	十二支	曜	中宮	十二支	曜	中宮	十二支	曜	中宮	十二支	曜	中宮	十二支	曜	中宮	十二支	日
金	一白	卯	水	七赤	酉	日	三碧	寅	金	九紫	申	火	五黄	丑	火	四緑	酉	1
土	二黒	辰	木	八白	戌	月	四緑	卯	土	一白	酉	水	六白	寅	水	五黄	戌	2
日	三碧	巳	金	九紫	亥	火	五黄	辰	日	二黒	戌	木	七赤	卯	木	六白	亥	3
月	四緑	午	土	一白	子	水	六白	巳	月	三碧	亥	金	八白	辰	金	七赤	子	4
火	五黄	未	日	二黒	丑	木	七赤	午	火	四緑	子	土	九紫	巳	土	八白	丑	5
水	六白	申	月	三碧	寅	金	八白	未	水	五黄	丑	日	一白	午	日	九紫	寅	6
木	七赤	酉	火	四緑	卯	土	九紫	申	木	六白	寅	月	二黒	未	月	一白	卯	7
金	八白	戌	水	五黄	辰	日	一白	酉	金	七赤	卯	火	三碧	申	火	二黒	辰	8
土	九紫	亥	木	六白	巳	月	二黒	戌	土	八白	辰	水	四緑	酉	水	三碧	巳	9
日	九紫	子	金	七赤	午	火	三碧	亥	日	九紫	巳	木	五黄	戌	木	四緑	午	10
月	八白	丑	土	八白	未	水	四緑	子	月	一白	午	金	六白	亥	金	五黄	未	11
火	七赤	寅	日	九紫	申	木	五黄	丑	火	二黒	未	土	七赤	子	土	六白	申	12
水	六白	卯	月	一白	酉	金	六白	寅	水	三碧	申	日	八白	丑	日	七赤	酉	13
木	五黄	辰	火	二黒	戌	土	七赤	卯	木	四緑	酉	月	九紫	寅	月	八白	戌	14
金	四緑	巳	水	三碧	亥	日	八白	辰	金	五黄	戌	火	一白	卯	火	九紫	亥	15
土	三碧	午	木	四緑	子	月	九紫	巳	土	六白	亥	水	二黒	辰	水	一白	子	16
日	二黒	未	金	五黄	丑	火	一白	午	日	七赤	子	木	三碧	巳	木	二黒	丑	17
月	一白	申	土	六白	寅	水	二黒	未	月	八白	丑	金	四緑	午	金	三碧	寅	18
火	九紫	酉	日	七赤	卯	木	三碧	申	火	九紫	寅	土	五黄	未	土	四緑	卯	19
水	八白	戌	月	八白	辰	金	四緑	酉	水	一白	卯	日	六白	申	日	五黄	辰	20
木	七赤	亥	火	九紫	巳	土	五黄	戌	木	二黒	辰	月	七赤	酉	月	六白	巳	21
金	六白	子	水	一白	午	日	六白	亥	金	三碧	巳	火	八白	戌	火	七赤	午	22
土	五黄	丑	木	二黒	未	月	七赤	子	土	四緑	午	水	九紫	亥	水	八白	未	23
日	四緑	寅	金	三碧	申	火	八白	丑	日	五黄	未	木	一白	子	木	九紫	申	24
月	三碧	卯	土	四緑	酉	水	九紫	寅	月	六白	申	金	二黒	丑	金	一白	酉	25
火	二黒	辰	日	五黄	戌	木	一白	卯	火	七赤	酉	土	三碧	寅	土	二黒	戌	26
水	一白	巳	月	六白	亥	金	二黒	辰	水	八白	戌	日	四緑	卯	日	三碧	亥	27
木	九紫	午	火	七赤	子	土	三碧	巳	木	九紫	亥	月	五黄	辰	月	四緑	子	28
金	八白	未	水	八白	丑	日	四緑	午	金	一白	子	火	六白	巳				29
土	七赤	申	木	九紫	寅	月	五黄	未	土	二黒	丑	水	七赤	午				30
日	六白	酉				火	六白	申				木	八白	未				31

月	(翌) 1月	12月	11月	10月	9月	8月
十二支	丑	子	亥	戌	酉	申
節入	6日 0：00	7日 12：50	7日 19：49	8日 16：15	8日 0：36	7日 21：23

《北が上》月盤

(翌) 1月

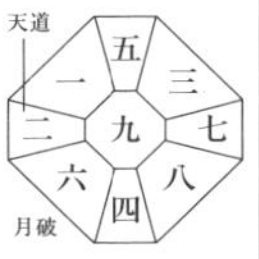

12月

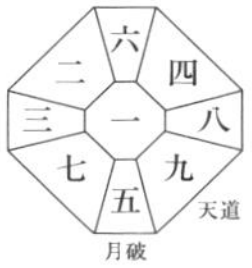

11月

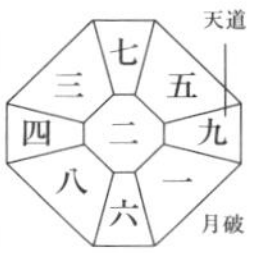

10月

9月

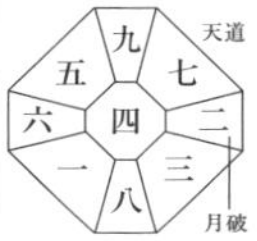

8月

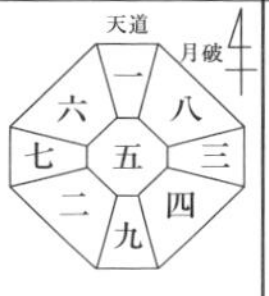

曜	中宮	十二支	曜	中宮	十二支	曜	中宮	十二支	曜	中宮	十二支	曜	中宮	十二支	曜	中宮	十二支	日
日	五黄	未	木	九紫	子	火	三碧	午	土	七赤	亥	木	一白	巳	月	五黄	戌	1
月	四緑	申	金	八白	丑	水	二黒	未	日	六白	子	金	九紫	午	火	四緑	亥	2
火	三碧	酉	土	七赤	寅	木	一白	申	月	五黄	丑	土	八白	未	水	三碧	子	3
水	二黒	戌	日	六白	卯	金	九紫	酉	火	四緑	寅	日	七赤	申	木	二黒	丑	4
木	一白	亥	月	五黄	辰	土	八白	戌	水	三碧	卯	月	六白	酉	金	一白	寅	5
金	一白	子	火	四緑	巳	日	七赤	亥	木	二黒	辰	火	五黄	戌	土	九紫	卯	6
土	二黒	丑	水	三碧	午	月	六白	子	金	一白	巳	水	四緑	亥	日	八白	辰	7
日	三碧	寅	木	二黒	未	火	五黄	丑	土	九紫	午	木	三碧	子	月	七赤	巳	8
月	四緑	卯	金	一白	申	水	四緑	寅	日	八白	未	金	二黒	丑	火	六白	午	9
火	五黄	辰	土	九紫	酉	木	三碧	卯	月	七赤	申	土	一白	寅	水	五黄	未	10
水	六白	巳	日	八白	戌	金	二黒	辰	火	六白	酉	日	九紫	卯	木	四緑	申	11
木	七赤	午	月	七赤	亥	土	一白	巳	水	五黄	戌	月	八白	辰	金	三碧	酉	12
金	八白	未	火	六白	子	日	九紫	午	木	四緑	亥	火	七赤	巳	土	二黒	戌	13
土	九紫	申	水	五黄	丑	月	八白	未	金	三碧	子	水	六白	午	日	一白	亥	14
日	一白	酉	木	四緑	寅	火	七赤	申	土	二黒	丑	木	五黄	未	月	九紫	子	15
月	二黒	戌	金	三碧	卯	水	六白	酉	日	一白	寅	金	四緑	申	火	八白	丑	16
火	三碧	亥	土	二黒	辰	木	五黄	戌	月	九紫	卯	土	三碧	酉	水	七赤	寅	17
水	四緑	子	日	一白	巳	金	四緑	亥	火	八白	辰	日	二黒	戌	木	六白	卯	18
木	五黄	丑	月	九紫	午	土	三碧	子	水	七赤	巳	月	一白	亥	金	五黄	辰	19
金	六白	寅	火	八白	未	日	二黒	丑	木	六白	午	火	九紫	子	土	四緑	巳	20
土	七赤	卯	水	七赤	申	月	一白	寅	金	五黄	未	水	八白	丑	日	三碧	午	21
日	八白	辰	木	六白	酉	火	九紫	卯	土	四緑	申	木	七赤	寅	月	二黒	未	22
月	九紫	巳	金	五黄	戌	水	八白	辰	日	三碧	酉	金	六白	卯	火	一白	申	23
火	一白	午	土	四緑	亥	木	七赤	巳	月	二黒	戌	土	五黄	辰	水	九紫	酉	24
水	二黒	未	日	三碧	子	金	六白	午	火	一白	亥	日	四緑	巳	木	八白	戌	25
木	三碧	申	月	二黒	丑	土	五黄	未	水	九紫	子	月	三碧	午	金	七赤	亥	26
金	四緑	酉	火	一白	寅	日	四緑	申	木	八白	丑	火	二黒	未	土	六白	子	27
土	五黄	戌	水	九紫	卯	月	三碧	酉	金	七赤	寅	水	一白	申	日	五黄	丑	28
日	六白	亥	木	八白	辰	火	二黒	戌	土	六白	卯	木	九紫	酉	月	四緑	寅	29
月	七赤	子	金	七赤	巳	水	一白	亥	日	五黄	辰	金	八白	戌	火	三碧	卯	30
火	八白	丑	土	六白	午				月	四緑	巳				水	二黒	辰	31

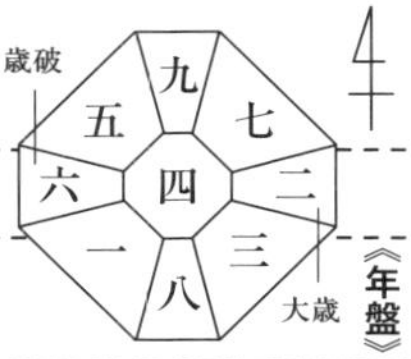

《年盤》

《2023年》

《卯年》四緑木星　中宮

7月			6月			5月			4月			3月			2月			月
未			午			巳			辰			卯			寅			十二支
7日 17：25			6日 7：15			6日 3：15			5日 10：10			6日 5：35			4日 11：48			節入
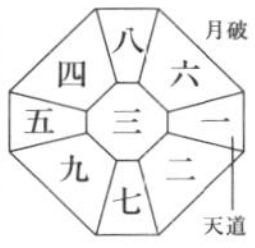			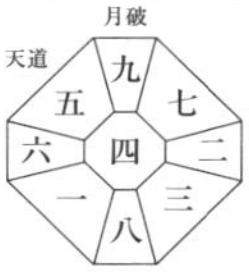			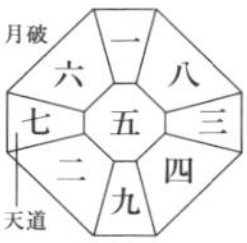			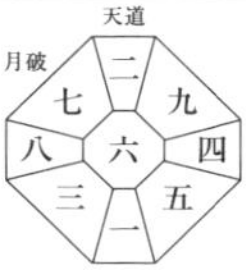			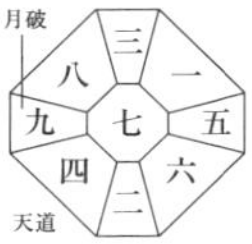			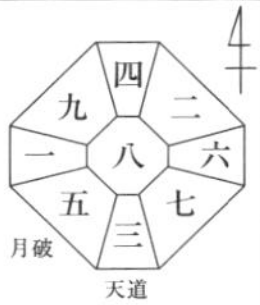			《北が上》月盤
曜	中宮	十二支	曜	中宮	十二支	曜	中宮	十二支	曜	中宮	十二支	曜	中宮	十二支	曜	中宮	十二支	日
土	六白	申	木	三碧	寅	月	八白	未	土	五黄	丑	水	一白	午	水	九紫	寅	1
日	七赤	酉	金	四緑	卯	火	九紫	申	日	六白	寅	木	二黒	未	木	一白	卯	2
月	八白	戌	土	五黄	辰	水	一白	酉	月	七赤	卯	金	三碧	申	金	二黒	辰	3
火	九紫	亥	日	六白	巳	木	二黒	戌	火	八白	辰	土	四緑	酉	土	三碧	巳	4
水	九紫	子	月	七赤	午	金	三碧	亥	水	九紫	巳	日	五黄	戌	日	四緑	午	5
木	八白	丑	火	八白	未	土	四緑	子	木	一白	午	月	六白	亥	月	五黄	未	6
金	七赤	寅	水	九紫	申	日	五黄	丑	金	二黒	未	火	七赤	子	火	六白	申	7
土	六白	卯	木	一白	酉	月	六白	寅	土	三碧	申	水	八白	丑	水	七赤	酉	8
日	五黄	辰	金	二黒	戌	火	七赤	卯	日	四緑	酉	木	九紫	寅	木	八白	戌	9
月	四緑	巳	土	三碧	亥	水	八白	辰	月	五黄	戌	金	一白	卯	金	九紫	亥	10
火	三碧	午	日	四緑	子	木	九紫	巳	火	六白	亥	土	二黒	辰	土	一白	子	11
水	二黒	未	月	五黄	丑	金	一白	午	水	七赤	子	日	三碧	巳	日	二黒	丑	12
木	一白	申	火	六白	寅	土	二黒	未	木	八白	丑	月	四緑	午	月	三碧	寅	13
金	九紫	酉	水	七赤	卯	日	三碧	申	金	九紫	寅	火	五黄	未	火	四緑	卯	14
土	八白	戌	木	八白	辰	月	四緑	酉	土	一白	卯	水	六白	申	水	五黄	辰	15
日	七赤	亥	金	九紫	巳	火	五黄	戌	日	二黒	辰	木	七赤	酉	木	六白	巳	16
月	六白	子	土	一白	午	水	六白	亥	月	三碧	巳	金	八白	戌	金	七赤	午	17
火	五黄	丑	日	二黒	未	木	七赤	子	火	四緑	午	土	九紫	亥	土	八白	未	18
水	四緑	寅	月	三碧	申	金	八白	丑	水	五黄	未	日	一白	子	日	九紫	申	19
木	三碧	卯	火	四緑	酉	土	九紫	寅	木	六白	申	月	二黒	丑	月	一白	酉	20
金	二黒	辰	水	五黄	戌	日	一白	卯	金	七赤	酉	火	三碧	寅	火	二黒	戌	21
土	一白	巳	木	六白	亥	月	二黒	辰	土	八白	戌	水	四緑	卯	水	三碧	亥	22
日	九紫	午	金	七赤	子	火	三碧	巳	日	九紫	亥	木	五黄	辰	木	四緑	子	23
月	八白	未	土	八白	丑	水	四緑	午	月	一白	子	金	六白	巳	金	五黄	丑	24
火	七赤	申	日	九紫	寅	木	五黄	未	火	二黒	丑	土	七赤	午	土	六白	寅	25
水	六白	酉	月	一白	卯	金	六白	申	水	三碧	寅	日	八白	未	日	七赤	卯	26
木	五黄	戌	火	二黒	辰	土	七赤	酉	木	四緑	卯	月	九紫	申	月	八白	辰	27
金	四緑	亥	水	三碧	巳	日	八白	戌	金	五黄	辰	火	一白	酉	火	九紫	巳	28
土	三碧	子	木	四緑	午	月	九紫	亥	土	六白	巳	水	二黒	戌				29
日	二黒	丑	金	五黄	未	火	一白	子	日	七赤	午	木	三碧	亥				30
月	一白	寅				水	二黒	丑				金	四緑	子				31

（翌）1月			12月			11月			10月			9月			8月			月
丑			子			亥			戌			酉			申			十二支
6日 5：53			7日 18：40			8日 1：39			8日 22：10			8日 6：20			8日 3：20			節入
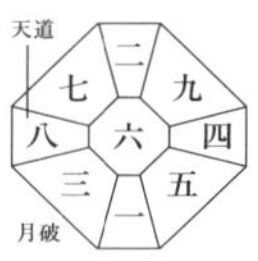			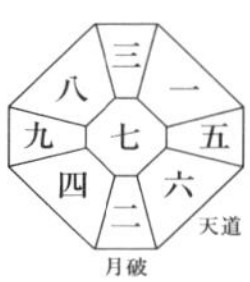			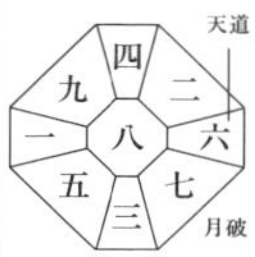			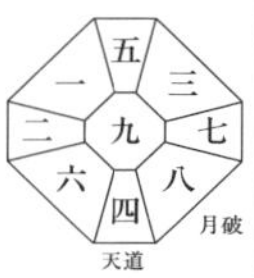			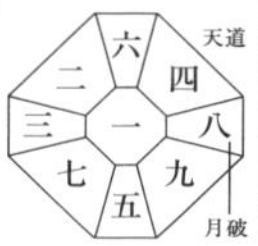			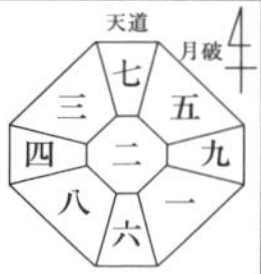			《北が上》月盤
曜	中宮	十二支	曜	中宮	十二支	曜	中宮	十二支	曜	中宮	十二支	曜	中宮	十二支	曜	中宮	十二支	日
月	一白	子	金	四緑	巳	水	七赤	亥	日	二黒	辰	金	五黄	戌	火	九紫	卯	1
火	二黒	丑	土	三碧	午	木	六白	子	月	一白	巳	土	四緑	亥	水	八白	辰	2
水	三碧	寅	日	二黒	未	金	五黄	丑	火	九紫	午	日	三碧	子	木	七赤	巳	3
木	四緑	卯	月	一白	申	土	四緑	寅	水	八白	未	月	二黒	丑	金	六白	午	4
金	五黄	辰	火	九紫	酉	日	三碧	卯	木	七赤	申	火	一白	寅	土	五黄	未	5
土	六白	巳	水	八白	戌	月	二黒	辰	金	六白	酉	水	九紫	卯	日	四緑	申	6
日	七赤	午	木	七赤	亥	火	一白	巳	土	五黄	戌	木	八白	辰	月	三碧	酉	7
月	八白	未	金	六白	子	水	九紫	午	日	四緑	亥	金	七赤	巳	火	二黒	戌	8
火	九紫	申	土	五黄	丑	木	八白	未	月	三碧	子	土	六白	午	水	一白	亥	9
水	一白	酉	日	四緑	寅	金	七赤	申	火	二黒	丑	日	五黄	未	木	九紫	子	10
木	二黒	戌	月	三碧	卯	土	六白	酉	水	一白	寅	月	四緑	申	金	八白	丑	11
金	三碧	亥	火	二黒	辰	日	五黄	戌	木	九紫	卯	火	三碧	酉	土	七赤	寅	12
土	四緑	子	水	一白	巳	月	四緑	亥	金	八白	辰	水	二黒	戌	日	六白	卯	13
日	五黄	丑	木	九紫	午	火	三碧	子	土	七赤	巳	木	一白	亥	月	五黄	辰	14
月	六白	寅	金	八白	未	水	二黒	丑	日	六白	午	金	九紫	子	火	四緑	巳	15
火	七赤	卯	土	七赤	申	木	一白	寅	月	五黄	未	土	八白	丑	水	三碧	午	16
水	八白	辰	日	六白	酉	金	九紫	卯	火	四緑	申	日	七赤	寅	木	二黒	未	17
木	九紫	巳	月	五黄	戌	土	八白	辰	水	三碧	酉	月	六白	卯	金	一白	申	18
金	一白	午	火	四緑	亥	日	七赤	巳	木	二黒	戌	火	五黄	辰	土	九紫	酉	19
土	二黒	未	水	三碧	子	月	六白	午	金	一白	亥	水	四緑	巳	日	八白	戌	20
日	三碧	申	木	二黒	丑	火	五黄	未	土	九紫	子	木	三碧	午	月	七赤	亥	21
月	四緑	酉	金	一白	寅	水	四緑	申	日	八白	丑	金	二黒	未	火	六白	子	22
火	五黄	戌	土	九紫	卯	木	三碧	酉	月	七赤	寅	土	一白	申	水	五黄	丑	23
水	六白	亥	日	八白	辰	金	二黒	戌	火	六白	卯	日	九紫	酉	木	四緑	寅	24
木	七赤	子	月	七赤	巳	土	一白	亥	水	五黄	辰	月	八白	戌	金	三碧	卯	25
金	八白	丑	火	六白	午	日	九紫	子	木	四緑	巳	火	七赤	亥	土	二黒	辰	26
土	九紫	寅	水	五黄	未	月	八白	丑	金	三碧	午	水	六白	子	日	一白	巳	27
日	一白	卯	木	四緑	申	火	七赤	寅	土	二黒	未	木	五黄	丑	月	九紫	午	28
月	二黒	辰	金	三碧	酉	水	六白	卯	日	一白	申	金	四緑	寅	火	八白	未	29
火	三碧	巳	土	二黒	戌	木	五黄	辰	月	九紫	酉	土	三碧	卯	水	七赤	申	30
水	四緑	午	日	一白	亥				火	八白	戌				木	六白	酉	31

著者：西谷泰人｜にしたに・やすと

1954年、鳥取県生まれ。手相家、方位学研究家、ライフコンサルタント。

1988年、アメリカのCNNテレビで日本を代表する手相家として世界に紹介される。著書は25か国以上で翻訳され、これまでに鑑定した人々の数は、優に7万人を超える。

2004年に帰国後、横浜に鑑定オフィスをオープン。

『運がいいのは、どっち!? 手相術』『幸せグセがつく 黄金のルール』（学研プラス）、『的中手相術』『暮らしに活かす夢判断』『すぐに使える実践方位学』（創文）、『今日のあなたの吉方位』『吉方旅行 最新版』（マガジンハウス）など著書多数。「笑っていいとも！」のレギュラー出演ほか、テレビ、ラジオ出演は200回を超す。WEBサイトでは「吉方位早楽地図上検索システム」を監修・運営。

◎連絡先：株式会社創文　電話：045-805-5077（10：00 ～ 18：00、日・祭日除く）
◎ホームページ：「西谷泰人のSUPER手相鑑定」https://www.nishitani-newyork.com/

デザイン　白畠かおり
DTP協力　有限会社中央制作社
イラスト　高村あゆみ
執筆協力　小沢緑子
編集協力　有限会社ヴュー企画（須藤和枝・森公子）

365日《にち》 吉方位《きっぽうい》で開運《かいうん》！
日帰《ひがえ》りおでかけ＆吉方旅行《きっぽうりょこう》

2018年10月20日　第1刷発行

著　者　西谷泰人《にしたにやすと》
発行者　中村　誠
印刷所　株式会社 光邦
製本所　株式会社 光邦
発行所　株式会社 日本文芸社
〒101-8407　東京都千代田区神田神保町1-7
TEL 03-3294-8931［営業］　03-3294-8920［編集］

Printed in Japan　112181016-112181016　Ⓝ01　(310037)
ISBN978-4-537-21627-1
URL　https://www.nihonbungeisha.co.jp/

（編集担当：前川）